SÜTLÜ LOKUMLAR

AŞÇILIK BECERILERINIZI GELIŞTIRECEK VE DÜNYA LEZZETLERINI MUTFAĞINIZA TAŞIYACAK 100 TARIF

Nuray Özdemir

Her hakkı saklıdır.

Feragatname

Bu Kitapta yer alan bilgilerin, bu Kitabın yazarının hakkında araştırma yaptığı kapsamlı bir stratejiler derlemesi işlevi görmesi amaçlanmaktadır. Özetler, stratejiler, ipuçları ve püf noktaları yalnızca yazar tarafından tavsiye edilir ve bu Kitabı okumak, kişinin sonuçlarının yazarın sonuçlarını tam olarak yansıtacağını garanti etmez. Kitabın yazarı, Kitabın okuyucularına güncel ve doğru bilgiler sağlamak için makul olan tüm çabayı göstermiştir. Yazar ve ortakları, bulunabilecek kasıtsız hata veya eksikliklerden sorumlu tutulamaz. Kitaptaki materyaller üçüncü kişilerden alınan bilgileri içerebilir. Üçüncü taraf materyalleri, sahipleri tarafından ifade edilen görüşleri içerir. Bu nedenle, Kitabın yazarı herhangi bir üçüncü taraf materyali veya görüşü için sorumluluk veya yükümlülük kabul etmez.

Kitabın telif hakkı © 2022'ye aittir ve tüm hakları saklıdır. Bu Kitabın tamamını veya bir kısmını yeniden dağıtmak, kopyalamak veya türev çalışmalar oluşturmak yasa dışıdır. Bu raporun hiçbir bölümü, yazarın yazılı açık ve imzalı izni olmadan herhangi bir şekilde çoğaltılamaz veya yeniden iletilemez veya herhangi bir biçimde yeniden iletilemez.

İÇİNDEKİLER

İÇİNDEKİLER 3
GİRİİŞ .... ERROR! BOOKMARK NOT DEFINED.
TAHIL SÜTÜ 6
   1. Mısır gevreği ezmesi 7
   2. Meyveli çakıllı çıtır çıtır 9
   3. Tuzlu kraker 11
   4. Ritz ezmesi 13
   5. Tarçınlı tost ezmesi 15
   6. Fıstık ezmesi ezmesi 17
   7. Fındık ezmesi 19
   8. Antep fıstığı ezmesi 21
   9. Tay çayı krizi 23
   10. PB ve J Crunch 25
   11. Mısır gevreği-çikolata-çip-marshmallowlu kurabiyeler 27
   12. Tatil kurabiyeleri 30
   13. Yaban mersinli ve kremali kurabiyeler 32
   14. Çikolatalı-çikolatalı kurabiye 35
   15. Konfeti kurabiyeleri 38
   16. Kompost kurabiyeleri 41
   17. Fıstık ezmeli kurabiye 44
   18. Yulaflı kurabiye 47
   19. Tahıl sütü 50
   20. Tahıl sütü panna cotta 52
   21. Tahıl sütlü dondurma 54
   22. Meyveli tahilli sütlü dondurma 56
   23. Tahıl süt beyazı ruski 58
   24. Tatlı mısır gevreği sütlü dondurmalı turta 60
   25. Mısır kurabiyeleri 62
   26. Tahıl sütlü dondurmalı turta 65
   27. PB ve J pastası 67
   28. Greyfurtlu turta 69
   29. Muz kremali turta 71
   30. Kek pasta 74

31. Çekirge turtası 77
32. Sarışın turta 79
33. Sarışın pasta dolgusu 81
34. Çıkolatalı turta 83
35. Tarçınlı çörek 86
36. Limonlu beze – fıstıklı turta 89
37. Çatlak pasta dolgusu 92
38. Çatlak pasta 94
39. Süt kırıntısı 97
40. Berry süt kırıntısı 99
41. Doğum günü pastası kırıntısı 101
42. Maltlı süt kırıntısı 103
43. Çıkolata kırıntısı 105
44. Turta kırıntısı 107
45. Turta kırıntısı kreması 109
46. Çıkolata kabuğu 111
47. Graham kabuğu 113
48. Anne hamuru 115
49. Graham dondurması 117
50. Beyaz şeftali şerbeti 120
51. Kırmızı kadife dondurma 122
52. Guava şerbeti 124
53. Cheesecake dondurma 126
54. Armut şerbeti 128
55. Selâmlı yumuşatılmış çilek 130
56. Tristar çilek şerbeti 132
57. Chèvre donmuş yoğurt 134
58. Concord üzüm şerbeti 136
59. Pretzel dondurma 138
60. Fıstıklı katlı pasta 140
61. Fıstıklı kek 143
62. Fıstık ezmesi 146
63. Çıkolata parçacıklı katlı kek 148
64. Çıkolatalı kek 151
65. Kahve kreması 154
66. Kat kat doğum günü pastası 156

67. Doğum günü pastası	159
68. Doğum günü pastası kreması	162
69. Havuçlu katlı kek	164
70. Havuçlu kek	167
71. Graham kreması	170
72. Havuçlu kek yer mantarı	172
73. Nane cheesecake dolgusu	174
74. Nane sır	176
75. Çikolatalı malt katmanlı kek	178
76. Çikolatalı kek	181
77. Elmalı turta katlı pasta	184
78. Kahverengi tereyağlı kek	187
79. Sıvı cheesecake	190
80. Muzlu katlı pasta	193
81. Muzlu kek	196
82. Fındık ezmesi	199
83. Şekerleme sosu	201
84. Malt şekerleme sosu	203
85. Earl grey şekerleme sosu	205
86. Kabak ganajı	207
87. Kereviz kökü ganajı	209
88. Pancar-kireç ganajı	212
89. Çikolatalı fındıklı ganaj	215
90. Graham ganajı	217
91. Greyfurt çarkıfelek loru	219
92. Tatlandırılmış yoğunlaştırılmış greyfurt	222
93. Çarkıfelek meyveli lor	224
94. Lor peyniri	226
95. Kimchi ve mavi peynirli kruvasanlar	228
96. Hindi, İsviçre ve hardallı kruvasan	232
97. Elmalı kızılcık ters tart	235
98. Elmalı frambuazlı tart	237
99. Enginarlı tart	240
100. Yaban mersinli ayranlı tart	243
ÇÖZÜM	Error! Bookmark not defined.

TAHIL SÜTÜ

1. mısır gevreği ezmesi

YAKLAŞIK 360 GR (4 BARDAK) YAPILIR

İçindekiler

- 170 gr mısır gevreği [$\frac{1}{2}$ (12 ons) kutu (5 bardak)]
- 40 gr süt tozu [$\frac{1}{2}$ su bardağı]
- 40 gr şeker [3 yemek kaşığı]
- 4 gr koşer tuzu [1 çay kaşığı]
- 130 gr eritilmiş tereyağı [9 yemek kaşığı]

Talimatlar

a) Fırını 275 ° F'ye ısıtın.
b) Mısır gevreğini orta boy bir kaseye dökün ve elinizle orijinal boyutlarının dörtte biri kadar ezin. Süt tozu, şeker ve tuzu ekleyin ve karıştırın. Tereyağını ekleyin ve kaplamak için fırlatın. Siz fırlattıkça, tereyağı yapışkan görevi görecek, kuru malzemeleri tahıl gevreğine bağlayacak ve küçük kümeler oluşturacaktır.
c) Kümeleri parşömen veya Silpat kaplı bir tepsiye yayın ve 20 dakika pişirin; bu noktada kızartılmış görünmeli, tereyağlı kokmalı ve hafifçe soğutulup çiğnendiğinde hafifçe çıtır çıtır olmalıdır.
d) Saklamadan veya kullanmadan önce mısır gevreği ezmesini tamamen soğutun.

2. Meyveli çakıl çıtırtısı

YAKLAŞIK 225 GR (3 BARDAK) YAPILIR

İçindekiler
- 120 gr Meyveli Çakıl [$\frac{1}{4}$ (17 ons) kutu (2$\frac{1}{2}$ bardak)]
- 20 gr süt tozu [$\frac{1}{4}$ su bardağı]
- 12 gr şeker [1 yemek kaşığı]
- 1 gr koşer tuzu [$\frac{1}{4}$ çay kaşığı]
- 85 gr eritilmiş tereyağı [6 yemek kaşığı]

Talimatlar
a) Fırını 275 ° F'ye ısıtın.
b) Meyveli çakılları orta boy bir kaseye dökün ve elinizle orijinal boyutlarının dörtte biri kadar ezin. Süt tozu, şeker ve tuzu ekleyin ve karıştırın. Tereyağını ekleyin ve kaplamak için fırlatın. Siz fırlattıkça, tereyağı yapışkan görevi görecek, kuru malzemeleri tahıl gevreğine bağlayacak ve küçük kümeler oluşturacaktır.
c) Kümeleri parşömen veya Silpat kaplı bir tepsiye yayın ve 20 dakika pişirin; bu noktada kızartılmış görünmeli, tereyağlı kokmalı ve hafifçe soğutulup çiğnendiğinde hafifçe çıtır çıtır olmalıdır.
d) Saklamadan veya kullanmadan önce çıtır çıtırı tamamen soğutun.

3. Tuzlu kraker ezmesi

YAKLAŞIK 250 GR (2 BARDAK) YAPILIR

İçindekiler

- 100 gr mini simit
- 60 gr açık kahverengi şeker [¼ fincan sıkıca paketlenmiş]
- 25 gr şeker [2 yemek kaşığı]
- 20 gr süt tozu [¼ su bardağı]
- 10 gr malt tozu [1 yemek kaşığı]
- 100 gr eritilmiş tereyağı [7 yemek kaşığı]

Talimatlar

a) Fırını 275 ° F'ye ısıtın.
b) Pretzelleri orta boy bir kaseye dökün ve elinizle orijinal boyutlarının dörtte biri kadar ezin. Malt tozu, süt tozu, şeker ve tuzu ekleyin ve karıştırın. Tereyağını ekleyin ve kaplamak için fırlatın. Siz fırlattıkça, tereyağı yapışkan görevi görecek, kuru malzemeleri tahıl gevreğine bağlayacak ve küçük kümeler oluşturacaktır.
c) Kümeleri parşömen veya Silpat kaplı bir tepsiye yayın ve 20 dakika pişirin; bu noktada kızartılmış görünmeli, tereyağlı kokmalı ve hafifçe soğutulup çiğnendiğinde hafifçe çıtır çıtır olmalıdır.
d) Saklamadan veya kullanmadan önce çıtır çıtırı tamamen soğutun.

4. Ritz krizi

YAKLAŞIK 275 GR (2 BARDAK) YAPILIR
İçindekiler
- 110 gr Ritz kraker [1 kol]
- 100 gr şeker [$\frac{1}{2}$ su bardağı]
- 20 gr süt tozu [$\frac{1}{4}$ su bardağı]
- 2 gr koşer tuzu [$\frac{1}{2}$ çay kaşığı]
- 100 gr eritilmiş tereyağı [7 yemek kaşığı]

Talimatlar
a) Fırını 275 ° F'ye ısıtın.
b) Krakerleri orta boy bir kaseye dökün ve elinizle orijinal boyutlarının dörtte biri kadar ezin. Süt tozu, şeker ve tuzu ekleyin ve karıştırın. Tereyağını ekleyin ve kaplamak için fırlatın. Siz fırlattıkça, tereyağı yapışkan görevi görecek, kuru malzemeleri tahıl gevreğine bağlayacak ve küçük kümeler oluşturacaktır.
c) Kümeleri parşömen veya Silpat kaplı bir tepsiye yayın ve 20 dakika pişirin; bu noktada kızartılmış görünmeli, tereyağlı kokmalı ve hafifçe soğutulup çiğnendiğinde hafifçe çıtır çıtır olmalıdır.
d) Saklamadan veya kullanmadan önce mısır gevreği ezmesini tamamen soğutun.

5. Tarçınlı tost ezmesi

YAKLAŞIK 250 GR (2 BARDAK) YAPILIR

İçindekiler
- 100 gr beyaz sandviç ekmeği [¼ (1 pound) somun]
- 115 gr kahverengi tereyağı, sadece ılık [⅓ fincan]
- 100 gr şeker [½ su bardağı]
- 2 gr koşer tuzu [½ çay kaşığı]
- 2 gr öğütülmüş tarçın [1 çay kaşığı]

Talimatlar
a) Fırını 325 ° F'ye ısıtın.
b) Ekmeği ½ inçlik parçalara ayırın. Bir kaseye koyun, sonra ıslatın ve kahverengi tereyağı ile atın. Ekmeği 1 dakika bekletin.
c) Ekmeğe şeker, tuz ve tarçın ekleyin ve iyice atın. Karışımı parşömen veya Silpat serili bir tepsiye yayın ve 25 dakika pişirin.
d) Tepsiyi hafifçe fırından çıkarın ve bir spatula, kaşık veya elinizde ne varsa kullanarak tarçınlı tostu biraz kırın ve karamelleşip kuruduğundan emin olmak için etrafa fırlatın. Kuru, karamelize kümeler elde edene kadar 5 dakika veya daha fazla pişirin.
e) Saklamadan veya kullanmadan önce tarçınlı tost ezmesini tamamen soğutun.

6. Fıstık ezmesi ezmesi

YAKLAŞIK 515 GR (3½ KUPA) YAPILIR

İçindekiler
- 195 gr Skippy fıstık ezmesi [¾ fincan]
- ⅓ porsiyon Fıstık Gevrek
- 120 gr feuilletine [1½ su bardağı]
- 120 gr şekerleme şekeri [¾ su bardağı]
- 2 gr koşer tuzu [½ çay kaşığı]

Talimatlar
a) Fıstık ezmesi, kırılgan, feuilletin, şekerleme şekeri ve tuzu, kürek eki ve paleti orta-düşük hızda homojen hale gelinceye kadar yaklaşık 1 dakika boyunca döndüren bir stand mikserin kasesinde birleştirin.
b) Crunch, hava geçirmez bir kapta oda sıcaklığında 5 gün veya buzdolabında 2 haftaya kadar saklanabilir.

7. fındık ezmesi

YAKLAŞIK 280 GR (2 BARDAK) YAPILIR

İçindekiler
- 100 gr fındık ezmesi [⅓su bardağı]
- ⅓porsiyon Fındık Gevreği [80 gr (½ fincan)]
- 80 gr feuilletine [1 su bardağı]
- 20 gr şekerleme şekeri [2 yemek kaşığı]
- 3 gr koşer tuzu [¾ çay kaşığı]

Talimatlar

a) Fındık ezmesi, kırılgan, feuilletine, şekerleme şekeri ve tuzu, kanatlı ataşman ve palet ile donatılmış bir stand mikserin kasesinde homojen olana kadar yaklaşık 1 dakika orta-düşük hızda birleştirin.

b) Crunch, hava geçirmez bir kapta oda sıcaklığında 5 gün veya buzdolabında 2 haftaya kadar saklanabilir.

8. Antep fıstığı ezmesi

YAKLAŞIK 330 GR (2 BARDAK) YAPILIR

İçindekiler

- 75 gr antep fıstığı, çiğ, tuzsuz [½ su bardağı]
- 155 gr fıstık ezmesi [½ su bardağı]
- 60 gr feuilletine [¾ fincan]
- 40 gr şekerleme şekeri [¼ su bardağı]
- 4 gr koşer tuzu [1 çay kaşığı]

Talimatlar

a) Fırını 325 ° F'ye ısıtın.
b) Antep fıstığını bir sac tavaya koyun ve fırında 15 dakika kızartın. Oda sıcaklığına soğutun.
c) Kızarmış fıstıkları temiz bir mutfak havlusuna koyun ve bir sote tavası veya oklava ile daha küçük parçalara ayırın, ideal olarak fıstıkları ikiye bölün veya orijinal boyutlarının sekizde birinden daha küçük olmayacak şekilde kırın.
d) Kırılmış antep fıstığını fıstık ezmesi, feuilletin, şekerleme şekeri ve tuzla birlikte kürek ataşmanı takılı bir stand mikserin kasesinde ve orta-düşük hızda homojen olana kadar yaklaşık 1 dakika karıştırın. Crunch, hava geçirmez bir kapta oda sıcaklığında 5 gün veya buzdolabında 2 haftaya kadar saklanabilir.

9. Tayland çayı krizi

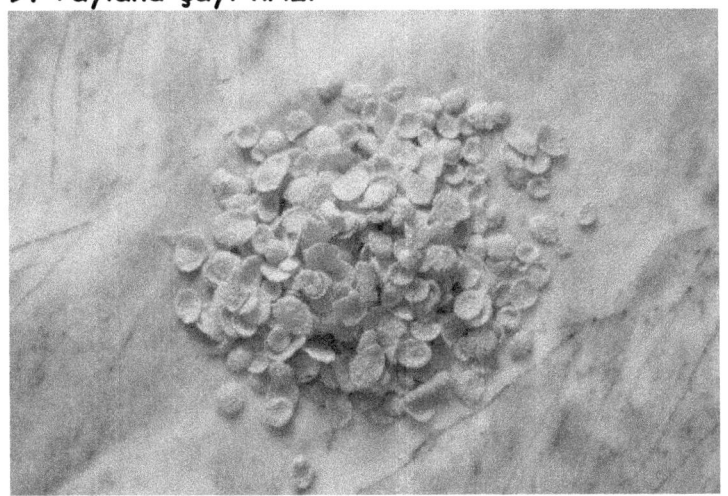

YAKLAŞIK 140 GR (1 BARDAK) YAPILIR

İçindekiler
- 15 gr şerit badem [2 yemek kaşığı]
- 55 gr badem ezmesi [¼ fincan]
- 40 gr feuilletine [½ su bardağı]
- 30 gr şekerleme şekeri [3 yemek kaşığı]
- 2 gr koşer tuzu [½ çay kaşığı]
- 8 gr Tay siyah çay yaprağı [1½ yemek kaşığı]
- 0,25 g sitrik asit [yetersiz tutam]

Talimatlar
a) Fırını 325 ° F'ye ısıtın.
b) Bademleri bir tepsiye alıp fırında 15 dakika kızartın. Oda sıcaklığına soğutun.
c) Kızarmış bademleri temiz bir mutfak havlusuna koyun ve bir sote tavası veya oklava ile daha küçük parçalara ayırın, ideal olarak bademleri ikiye bölün veya orijinal boyutlarının sekizde birinden daha küçük olmayacak şekilde kırın.
d) Kırılmış bademleri badem yağı, feuilletine, şekerleme şekeri ve tuzla birlikte, kürek ataşmanı takılı bir stand mikserin kasesinde ve orta-düşük hızda homojen olana kadar yaklaşık 1 dakika karıştırın.
e) Crunch, hava geçirmez bir kapta oda sıcaklığında 5 gün veya buzdolabında 2 haftaya kadar saklanabilir.

10. PB ve J Crunch

4 KİŞİLİK

İçindekiler

- ½ porsiyon Concord Üzüm Jölesi
- ½ porsiyon Fıstık Ezmesi Ezmesi

1 porsiyon Tuzlu Panna Cotta

Talimatlar

a) Jöleyi 4 servis kasesine eşit olarak paylaştırın.

b) Küçük bir tabağa 1 inçlik dairesel bir çerez kesici veya halka kalıbı koyun ve bir kaşık kullanarak fıstık ezmeli çıtır çıtırın dörtte birini daireye sıkıca bastırarak ½ inç yüksekliğinde bir yuvarlak yapın. Çıtır çıtırı ilk kaseye aktarın, kalıptan çıkarıp jölenin üzerine atın. Kalan 3 kase için tekrarlayın.

c) Ofset bir spatula ile, her bir fıstık ezmesi ezmesi turunun üstüne 1 panna cotta'yı dikkatlice aktarın. Hemen servis yapın.

11. Mısır gevreği-çikolata-çip-marshmallowlu kurabiyeler

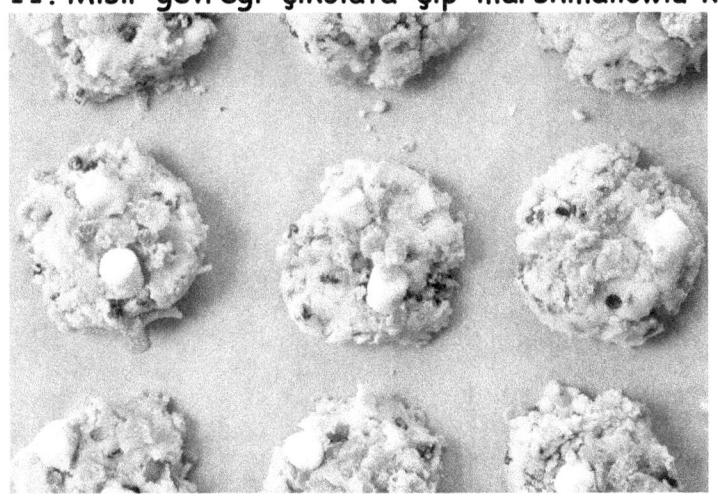

15 İLA 20 ÇEREZ YAPAR

İçindekiler
- 225 gr oda sıcaklığında tereyağ [16 yemek kaşığı]
- 250 gr toz şeker [1¼ su bardağı]
- 150 gr açık kahverengi şeker [¼ fincan sıkıca paketlenmiş]
- 1 yumurta
- 2 gr vanilya özü [½ çay kaşığı]
- 240 gr un [1½ su bardağı]
- 2 gr kabartma tozu [½ çay kaşığı]
- 1,5 gr kabartma tozu [¼ çay kaşığı]
- 5 gr koşer tuzu [1¼ çay kaşığı]
- ¾ porsiyon Cornflake Crunch [270 gr (3 bardak)]
- 125 gr mini çikolata parçaları [¼ fincan]
- 65 gr mini marshmallow [1¼ bardak]

Talimatlar

a) Tereyağı ve şekerleri, kürek ataşmanı ve krema ile donatılmış bir stand mikserin kasesinde orta-yüksek sıcaklıkta 2 ila 3 dakika birleştirin. Kasenin kenarlarını kazıyın, yumurta ve vanilyayı ekleyin ve 7-8 dakika çırpın.

b) Mikser hızını düşürün ve un, kabartma tozu, kabartma tozu ve tuzu ekleyin. Hamur bir araya gelene kadar karıştırın, 1 dakikayı geçmeyin. (Bu adımda makineden uzaklaşmayın, aksi takdirde hamurun fazla karışması riskiyle karşı karşıya kalırsınız.) Kasenin kenarlarını bir spatula ile kazıyın.

c) Hala düşük hızda, 30 ila 45 saniyeyi geçmeyecek şekilde mısır gevreği çıtır çıtır ve mini çikolata parçacıklarını ekleyin. Sadece dahil olana kadar mini şekerlemelerde kürek çekin.

d) 2¾ onsluk bir dondurma kaşığı (veya ⅓ fincan ölçüsü) kullanarak, hamuru parşömen kaplı bir tepsiye porsiyonlayın. Kurabiye hamuru kubbelerinin üst kısımlarını düzleştirin.

Yaprak tavayı plastik sargıya sıkıca sarın ve en az 1 saat veya 1 haftaya kadar buzdolabında saklayın. Kurabiyelerinizi oda sıcaklığında pişirmeyin, şekillerini korumazlar.

e) Fırını 375 ° F'ye ısıtın.
f) Soğutulmuş hamuru parşömen veya Silpat astarlı sac tavalarda en az 4 inç aralıklarla düzenleyin. 18 dakika pişirin. Kurabiyeler kabaracak, çıtırdayacak ve yayılacaktır. 18. dakikada, çerezlerin kenarları kızarmalı ve merkeze doğru kahverengileşmeye başlamalıdır. Değillerse ve yüzeyde hala soluk ve hamur gibi görünüyorlarsa, onları bir dakika kadar daha fırında bırakın.
g) Saklama için bir tabağa veya hava geçirmez bir kaba aktarmadan önce çerezleri tamamen tepsilerde soğutun. Oda sıcaklığında kurabiyeler 5 gün tazeliğini koruyacaktır; dondurucuda 1 ay dayanırlar.

12. tatil kurabiyeleri

18 İLA 22 ÇEREZ YAPAR

İçindekiler
- 200 gr nane veya şeker kamışı
- meyveli çakıl hatmi kurabiye

Talimatlar
a) Mısır gevreği-çikolata-parçalı-marshmallowlu kurabiyeler için yönergeleri izleyin, mısır gevreği ezmesi yerine Meyveli Çakıl Çıtırtısını koyun ve çikolata parçacıklarını çıkarın.

13. yaban mersinli ve kremalı kurabiye

12 İLA 17 ÇEREZ YAPAR

İçindekiler
- 225 gr oda sıcaklığında tereyağı [16 yemek kaşığı (2 çubuk)]
- 150 gr toz şeker [¾ su bardağı]
- 150 gr açık kahverengi şeker [¼ fincan sıkıca paketlenmiş]
- 100 gr glikoz [¼ fincan]
- 2 yumurta
- 320 gr un [2 su bardağı]
- 2 gr kabartma tozu [½ çay kaşığı]
- 1,5 gr kabartma tozu [¼ çay kaşığı]
- 6 gr koşer tuzu [1½ çay kaşığı]
- ½ porsiyon Süt Kırıntısı
- 130 gr kuru yaban mersini [¾ su bardağı]

Talimatlar

a) Tereyağı, şekerler ve glikozu, kürek eki ve krema ile donatılmış bir stand mikserin kasesinde 2 ila 3 dakika orta-yüksek sıcaklıkta birleştirin. Kasenin kenarlarını kazıyın, yumurtaları ekleyin ve 7-8 dakika çırpın.

b) Mikser hızını düşürün ve un, kabartma tozu, kabartma tozu ve tuzu ekleyin. Hamur bir araya gelene kadar karıştırın, 1 dakikayı geçmeyin. (Bu adımda makineden uzaklaşmayın, aksi takdirde hamurun fazla karışması riskiyle karşı karşıya kalırsınız.) Kasenin kenarlarını bir spatula ile kazıyın.

c) Hala düşük hızda, süt kırıntılarını ekleyin ve karışana kadar 30 saniyeyi geçmeyecek şekilde karıştırın. Süt kırıntılarını kurutulmuş yaban mersini ile 30 saniye karıştırın.

d) 2¾ onsluk bir dondurma kaşığı (veya ⅓ fincan ölçüsü) kullanarak, hamuru parşömen kaplı bir tepsiye porsiyonlayın. Kurabiye hamuru kubbelerinin üst kısımlarını düzleştirin. Yaprak tavayı plastik sargıya sıkıca sarın ve en az 1 saat veya

1 haftaya kadar buzdolabında saklayın. Kurabiyelerinizi oda sıcaklığında pişirmeyin, düzgün pişmezler.

e) Fırını 350 ° F'ye ısıtın.
f) Soğutulmuş hamuru parşömen veya Silpat astarlı sac tavalarda en az 4 inç aralıklarla düzenleyin. 18 dakika pişirin. Kurabiyeler kabaracak, çıtırdayacak ve yayılacaktır. 18 dakika sonra, kenarlarda çok hafif kahverengileşmiş, ancak merkezde hala parlak sarı olmalıdır; eğer durum böyle değilse, onlara fazladan bir dakika verin.
g) Saklama için bir tabağa veya hava geçirmez bir kaba aktarmadan önce çerezleri tamamen tepsilerde soğutun. Oda sıcaklığında kurabiyeler 5 gün tazeliğini koruyacaktır; dondurucuda 1 ay dayanırlar.

14. Çikolatalı-çikolatalı kurabiye

10 İLA 15 ÇEREZ YAPAR

İçindekiler
- 225 gr oda sıcaklığında tereyağ [16 yemek kaşığı]
- 300 gr şeker [1½ su bardağı]
- 100 gr glikoz [¼ fincan]
- 1 yumurta
- 1 gr vanilya özü [¼ çay kaşığı]
- 60 gr %55 çikolata, eritilmiş [2 ons]
- 200 gr un [1¼ su bardağı]
- 100 gr kakao tozu
- 3 gr kabartma tozu [¾ çay kaşığı]
- 1,5 gr kabartma tozu [¼ çay kaşığı]
- 7 gr koşer tuzu [1¾ çay kaşığı]
- ½ porsiyon çikolata kırıntısı

Talimatlar
a) Tereyağı, şeker ve glikozu, kürek eki ve krema ile donatılmış bir stand mikserin kasesinde orta-yüksek sıcaklıkta 2 ila 3 dakika birleştirin. Kâsenin kenarlarını sıyırın, yumurtayı, vanilyayı ve eritilmiş çikolatayı ekleyin ve 7-8 dakika çırpın.

b) Mikser hızını düşürün ve un, kakao tozu, kabartma tozu, kabartma tozu ve tuzu ekleyin. Hamur bir araya gelene kadar karıştırın, 1 dakikayı geçmeyin. (Bu adımda makineden uzaklaşmayın, aksi takdirde hamurun fazla karışması riskiyle karşı karşıya kalırsınız.) Kasenin kenarlarını bir spatula ile kazıyın.

c) Hala düşük hızda, çikolata kırıntılarını ekleyin ve karışana kadar yaklaşık 30 saniye karıştırın.

d) 2¾ onsluk bir dondurma kaşığı (veya ⅓ fincan ölçüsü) kullanarak, hamuru parşömen kaplı bir tepsiye porsiyonlayın. Kurabiye hamuru kubbelerinin üst kısımlarını düzleştirin.

Yaprak tavayı plastik sargıya sıkıca sarın ve en az 1 saat veya 1 haftaya kadar buzdolabında saklayın. Kurabiyelerinizi oda sıcaklığında pişirmeyin, düzgün pişmezler.

e) Fırını 375 ° F'ye ısıtın.
f) Soğutulmuş hamuru parşömen veya Silpat astarlı sac tavalarda en az 4 inç aralıklarla düzenleyin. 18 dakika pişirin. Kurabiyeler kabaracak, çıtırdayacak ve yayılacaktır. Çikolata ile bu kadar koyu olan bir kurabiyenin yapılıp yapılmadığını ölçmek zor (biraz imkansız). 18 dakika sonra kurabiyelerin ortası hala hamur gibi görünüyorsa, fırında 1 dakika daha verin ama daha fazla değil.
g) Saklama için bir tabağa veya hava geçirmez bir kaba aktarmadan önce çerezleri tamamen tepsilerde soğutun. Oda sıcaklığında kurabiyeler 5 gün tazeliğini koruyacaktır; dondurucuda 1 ay dayanırlar.

15. konfeti kurabiye

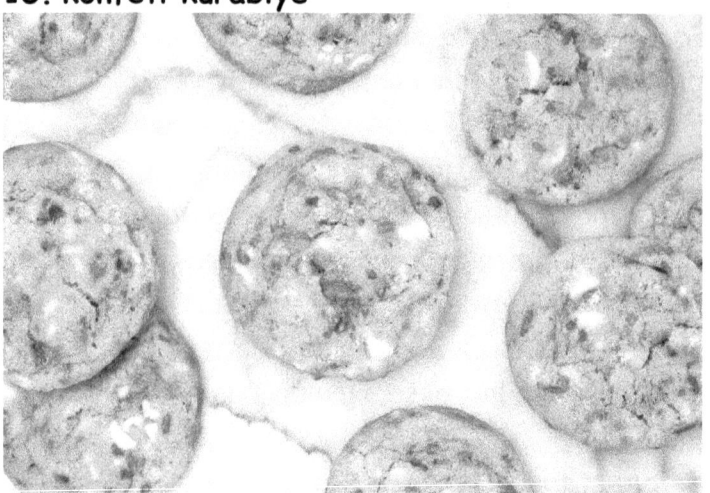

15 İLA 20 ÇEREZ YAPAR

İçindekiler
- 225 gr oda sıcaklığında tereyağ
- 300 gr şeker [1½ su bardağı]
- 50 gr glikoz [2 yemek kaşığı]
- 2 yumurta
- 8 gr berrak vanilya özü [2 çay kaşığı]
- 400 gr un [2½ su bardağı]
- 50 gr süt tozu [¼ su bardağı]
- 9 gr krem tartar [2 çay kaşığı]
- 6 gr kabartma tozu [1 çay kaşığı]
- 5 gr koşer tuzu [1¼ çay kaşığı]
- 40 gr gökkuşağı sprinkles [¼ fincan]
- ½ porsiyon Doğum Günü Pastası Kırıntısı

Talimatlar

a) Tereyağı, şeker ve glikozu, kürek eki ve krema ile donatılmış bir stand mikserin kasesinde orta-yüksek sıcaklıkta 2 ila 3 dakika birleştirin. Kasenin kenarlarını kazıyın, yumurtaları ve vanilyayı ekleyin ve 7-8 dakika çırpın.

b) Mikser hızını düşürün ve un, süt tozu, krem tartar, kabartma tozu, tuz ve gökkuşağı serpmelerini ekleyin. Hamur bir araya gelene kadar karıştırın, 1 dakikayı geçmeyin.

c) Bir spatula ile kasenin kenarlarını kazıyın.

d) Hala düşük hızda, doğum günü pastası kırıntılarını ekleyin ve 30 saniye boyunca, sadece bunlar karışana kadar karıştırın.

e) 2¾ onsluk bir dondurma kaşığı (veya ⅓ fincan ölçüsü) kullanarak, hamuru parşömen kaplı bir tepsiye porsiyonlayın. Kurabiye hamuru kubbelerinin üst kısımlarını düzleştirin. Yaprak tavayı plastik sargıya sıkıca sarın ve en az 1 saat veya

1 haftaya kadar buzdolabında saklayın. Kurabiyelerinizi oda sıcaklığında pişirmeyin, düzgün pişmezler.

f) Fırını 350 ° F'ye ısıtın.

g) Soğutulmuş hamuru parşömen veya Silpat astarlı sac tavalarda en az 4 inç aralıklarla düzenleyin. 18 dakika pişirin. Kurabiyeler kabaracak, çıtırdayacak ve yayılacaktır. 18 dakika sonra kenarları çok hafif kızarmalıdır (altta altın kahverengi). Merkezler, rengin yalnızca başlangıç belirtilerini gösterecektir. Renkler eşleşmezse ve kurabiyeler yüzeyde hala solgun ve hamur gibi görünüyorsa, kurabiyeleri bir dakika kadar daha fırında bırakın.

h) Saklama için bir tabağa veya hava geçirmez bir kaba aktarmadan önce çerezleri tamamen tepsilerde soğutun. Oda sıcaklığında kurabiyeler 5 gün tazeliğini koruyacaktır; dondurucuda 1 ay dayanırlar.

16. Kompost çerezleri

15 İLA 20 ÇEREZ YAPAR
İçindekiler
- 225 gr oda sıcaklığında tereyağı [16 yemek kaşığı (2 çubuk)]
- 200 gr toz şeker [1 su bardağı]
- 150 gr açık kahverengi şeker [¼ fincan sıkıca paketlenmiş]
- 50 gr glikoz [2 yemek kaşığı]
- 1 yumurta
- 2 gr vanilya özü [½ çay kaşığı]
- 225 gr un [1⅓ su bardağı]
- 2 gr kabartma tozu [½ çay kaşığı]
- 1,5 gr kabartma tozu [¼ çay kaşığı]
- 4 gr koşer tuzu [1 çay kaşığı]
- 150 gr mini çikolata parçaları [¾ fincan]
- 100 gr mini karamela cipsi [½ fincan]
- ¼ porsiyon Graham Crust [85 gr (½ fincan)]
- 40 gr eski moda yulaf ezmesi [⅓ fincan]
- 5 gr öğütülmüş kahve [2½ çay kaşığı]
- 50 gr patates cipsi [2 su bardağı]
- 50 gr mini kraker [1 su bardağı]

Talimatlar
a) Tereyağı, şekerler ve glikozu, kürek eki ve krema ile donatılmış bir stand mikserin kasesinde orta-yüksek sıcaklıkta 2 ila 3 dakika birleştirin. Kasenin kenarlarını kazıyın, yumurta ve vanilyayı ekleyin ve 7-8 dakika çırpın.

b) Hızı düşürün ve un, kabartma tozu, kabartma tozu ve tuzu ekleyin. Hamur bir araya gelene kadar karıştırın, 1 dakikayı geçmeyin. Bir spatula ile kasenin kenarlarını kazıyın.

c) Hala düşük hızda, çikolata parçaları, karamela parçaları, graham kabuğu, yulaf ve kahveyi ekleyin ve karışana kadar yaklaşık 30 saniye karıştırın. Patates cipsi ve çubuk krakerleri ekleyin ve sadece karışana kadar hala düşük hızda kürek çekin.

Çok fazla simit veya patates cipsi karıştırmamaya veya kırmamaya dikkat edin. Kurabiyelerinizden biri ortada bütün bir çubuk kraker olacak şekilde pişerse sırtınızın sıvazlanmasını hak ediyorsunuz.

d) $2\frac{3}{4}$ onsluk bir dondurma kaşığı (veya ⅓ fincan ölçüsü) kullanarak, hamuru parşömen kaplı bir tepsiye porsiyonlayın. Kurabiye hamuru kubbelerinin üst kısımlarını düzleştirin. Yaprak tavayı plastik sargıya sıkıca sarın ve en az 1 saat veya 1 haftaya kadar buzdolabında saklayın. Kurabiyelerinizi oda sıcaklığında pişirmeyin, düzgün pişmezler.

e) Fırını 375 ° F'ye ısıtın.

f) Soğutulmuş hamuru parşömen veya Silpat astarlı sac tavalarda en az 4 inç aralıklarla düzenleyin. 18 dakika pişirin. Kurabiyeler kabaracak, çıtırdayacak ve yayılacaktır. 18 dakika sonra, kenarlarda çok hafif kahverengileşmiş, ancak merkezde hala parlak sarı olmalıdırlar. Durum böyle değilse onlara fazladan bir dakika verin.

g) Saklama için bir tabağa veya hava geçirmez bir kaba aktarmadan önce çerezleri tamamen tepsilerde soğutun. Oda sıcaklığında kurabiyeler 5 gün tazeliğini korur; dondurucuda 1 ay dayanırlar.

17. Fıstık Ezmeli Kurabiyeler

15 İLA 20 ÇEREZ YAPAR

İçindekiler
- 170 gr oda sıcaklığında tereyağ [12 yemek kaşığı]
- 300 gr şeker [1½ su bardağı]
- 100 gr glikoz [¼ fincan]
- 260 gr Skippy fıstık ezmesi [1 su bardağı]
- 2 yumurta
- 0,5 gr vanilya özü [⅛ çay kaşığı]
- 225 gr un [1⅓ su bardağı]
- 2 gr kabartma tozu [½ çay kaşığı]
- 1 gr kabartma tozu [⅛ çay kaşığı]
- 9 gr koşer tuzu [2¼ çay kaşığı]
- ½ porsiyon Fıstık Gevrek

Talimatlar

a) Tereyağı, şeker ve glikozu, kürek eki ve krema ile donatılmış bir stand mikserin kasesinde orta-yüksek sıcaklıkta 2 ila 3 dakika birleştirin. Kasenin kenarlarını kazıyın. Fıstık ezmesini çırpın, ardından yumurtaları ve vanilyayı ekleyin ve orta-yüksek hızda 30 saniye çırpın. Kasenin kenarlarını kazıyın, ardından orta-yüksek hızda 3 dakika çırpın.

b) Bu süre zarfında şeker granülleri çözülecek ve kremalı karışımın boyutu iki katına çıkacaktır. (Daha düşük tereyağı oranı ve harika bir emülgatör olan fıstık ezmesinin varlığı, bu kurabiye için standart 10 dakikalık krema yapmanıza gerek olmadığı anlamına gelir.)

c) Mikser hızını düşürün ve un, kabartma tozu, kabartma tozu ve tuzu ekleyin. Hamur bir araya gelene kadar karıştırın, 1 dakikayı geçmeyin. Kasenin kenarlarını kazıyın.

d) Hala düşük hızda, yer fıstığı gevreklerini karışana kadar en fazla 30 saniye karıştırın.

e) 2¾ onsluk bir dondurma kaşığı (veya ⅓ fincan ölçüsü) kullanarak, hamuru parşömen kaplı bir tepsiye porsiyonlayın. Kurabiye hamuru kubbelerinin üst kısımlarını düzleştirin. Yaprak tavayı plastik sargıya sıkıca sarın ve en az 1 saat veya 1 haftaya kadar buzdolabında saklayın. Kurabiyelerinizi oda sıcaklığında pişirmeyin, düzgün pişmezler.
f) Fırını 375 ° F'ye ısıtın.
g) Soğutulmuş hamuru parşömen veya Silpat astarlı sac tavalarda en az 4 inç aralıklarla düzenleyin. 18 dakika pişirin. Kurabiyeler kabaracak, çıtırdayacak ve yayılacaktır. 18 dakika sonra, baştan sona kumral beneklerle bronzlaşmalıdırlar. Durum böyle değilse onlara fazladan bir dakika verin.
h) Saklama için bir tabağa veya hava geçirmez bir kaba aktarmadan önce çerezleri tamamen tepsilerde soğutun. Oda sıcaklığında kurabiyeler 5 gün tazeliğini korur; dondurucuda 1 ay dayanırlar.

18. Yulaflı kurabiye

YAKLAŞIK 1 ÇEYREK YAPRAK TAVASI OLUŞTURULUR

İçindekiler
- 115 gr oda sıcaklığında tereyağı [8 yemek kaşığı (1 çubuk)]
- 75 gr açık kahverengi şeker [⅓ fincan sıkıca paketlenmiş]
- 40 gr toz şeker [3 yemek kaşığı]
- 1 yumurta sarısı
- 80 gr un [½ su bardağı]
- 120 gr eski usul yulaf ezmesi [1½ su bardağı]
- 0,5 gr kabartma tozu [⅛ çay kaşığı]
- 0,25 gr kabartma tozu [çimdik]
- 2 gr koşer tuzu [½ çay kaşığı]
- Pam veya diğer yapışmaz pişirme spreyi (isteğe bağlı)

Talimatlar

a) Fırını 350 ° F'ye ısıtın.
b) Tereyağı ve şekerleri, kürek eki ve krema ile donatılmış bir stand mikserin kasesinde orta-yüksekte 2 ila 3 dakika, kabarık ve soluk sarı bir renge kadar birleştirin. Bir spatula ile kasenin kenarlarını kazıyın. Düşük hızda, yumurta sarısını ekleyin ve hızı orta-yüksek seviyeye yükseltin ve şeker tanecikleri tamamen eriyene ve karışım soluk beyaz olana kadar 1-2 dakika çırpın.
c) Düşük hızda un, yulaf, kabartma tozu, kabartma tozu ve tuzu ekleyin. Hamurunuz bir araya gelene ve kuru malzeme kalıntıları eklenene kadar bir dakika karıştırın. Hamur, ortalama kurabiye hamurunuza göre biraz kabarık, yağlı bir karışım olacaktır. Kasenin kenarlarını kazıyın.
d) Çeyrek yapraklı bir tepsiye Pam püskürtün ve parşömenle hizalayın veya tepsiyi bir Silpat ile hizalayın. Kurabiye hamurunu tavanın ortasına alın ve bir spatula ile $\frac{1}{4}$ inç kalınlığa gelene kadar yayın. Hamur tüm tavayı kaplamaz; tamamdır.
e) 15 dakika veya yulaf ezmeli kurabiyeye benzeyene kadar pişirin - üstü karamelize ve hafifçe şişirilmiş ancak sıkıca sabitlenmiş. Kullanmadan önce tamamen soğutun. İyice plastiğe sarılmış yulaflı kurabiye, buzdolabında 1 haftaya kadar tazeliğini koruyacaktır.

19. Tahıl sütü

4 KİŞİLİK

İçindekiler

- 100 gr mısır gevreği
- 825 gr soğuk süt
- 30 gr açık kahverengi şeker
- $\frac{1}{4}$ çay kaşığı koşer tuzu

Talimatlar

a) Fırını 300 ° F'ye ısıtın.
b) Mısır gevreğini parşömen kaplı bir tepsiye yayın. Hafifçe kızarana kadar 15 dakika pişirin. Tamamen soğutun.
c) Soğuyan mısır gevreğini geniş bir sürahiye aktarın. Sütü sürahiye dökün ve kuvvetlice karıştırın. 20 dakika oda sıcaklığında demlenmeye bırakın.
d) Karışımı ince gözenekli bir elekten geçirerek sütü orta boy bir kapta toplayın. Süt önce çabuk boşalacak, ardından süzme işleminin sonuna doğru koyulaşacak ve nişastalı hale gelecektir. Bir kepçenin arkasını (veya elinizi) kullanarak, mısır gevreğini sütü sıkın, ancak lapa kıvamındaki mısır gevreğini süzgeçten zorlamayın. (Mısır gevreği kalıntılarını kompost haline getiriyoruz veya evimize, köpeklerimize götürüyoruz!)
e) Sütün içine esmer şeker ve tuzu tamamen eriyene kadar çırpın. Temiz bir sürahi veya cam süt sürahisinde buzdolabında 1 haftaya kadar saklayın.

20. Tahıl sütü panna cotta

4 KİŞİLİK
İçindekiler
- 1½ jelatin levhalar
- 1¼ su bardağı Tahıl Sütü
- 25 gr açık kahverengi şeker
- 1 gr koşer tuzu

Talimatlar
a) Jelatini çiçeklendirin.
b) Tahıl sütünden biraz ısıtın ve çözünmesi için jelatini çırpın. Karışıma çok fazla hava katmamaya dikkat ederek, kalan tahıl sütü, kahverengi şeker ve tuzu her şey eriyene kadar çırpın.
c) 4 küçük bardağı düz, taşınabilir bir yüzeye koyun. Tahıllı süt karışımını bardaklara dökün ve eşit şekilde doldurun. En az 3 saat veya gece boyunca ayarlamak için buzdolabına aktarın.

21. Tahıl sütlü dondurma

YAKLAŞIK 800 G (1 QUART) YAPAR

1½ jelatin levhalar

İçindekiler

- 1 porsiyon Tahıl Sütü
- 4 gr dondurularak kurutulmuş mısır tozu [2 çay kaşığı]
- 30 gr açık kahverengi şeker [sıkıca paketlenmiş 2 yemek kaşığı]
- 1 gr koşer tuzu [¼ çay kaşığı]
- 20 gr süt tozu [¼ su bardağı]
- 50 gr glikoz [2 yemek kaşığı]

Talimatlar

a) Jelatini çiçeklendirin.

b) Tahıl sütünden biraz ısıtın ve çözünmesi için jelatini çırpın. Kalan tahıl sütü, mısır tozu, kahverengi şeker, tuz, süt tozu ve glikozu her şey tamamen eriyene ve karışana kadar çırpın.

c) Karışımı ince gözenekli bir elekten geçirerek dondurma makinenize dökün ve üreticinin talimatlarına göre dondurun. Dondurma en iyi servis yapmadan veya kullanmadan hemen önce döndürülür, ancak hava geçirmez bir kapta dondurucuda 2 haftaya kadar saklanır.

22. Meyveli mısır gevreği sütlü dondurma

YAKLAŞIK 800 G (1 QUART) YAPAR

İçindekiler
- 1 jelatin levha
- 1 porsiyon Meyveli Tahıl Sütü
- 130 gr şeker [$\frac{1}{4}$ su bardağı]
- 2 gr koşer tuzu [$\frac{1}{2}$ çay kaşığı]
- 20 gr süt tozu [$\frac{1}{4}$ su bardağı]
- 50 gr glikoz [2 yemek kaşığı]

Talimatlar
a) Jelatini çiçeklendirin.
b) Meyveli tahıl sütünden biraz ısıtın ve jelatini eritmek için çırpın. Kalan meyveli tahıl sütü, şeker, tuz, süt tozu ve glikozu her şey tamamen eriyene ve karışana kadar çırpın.
c) Karışımı ince gözenekli bir elekten geçirerek dondurma makinenize dökün ve üreticinin talimatlarına göre dondurun. Dondurma en iyi servis yapmadan veya kullanmadan hemen önce döndürülür, ancak hava geçirmez bir kapta dondurucuda 2 haftaya kadar saklanır.

23. Tahıl süt beyazı ruski

2 SERVİS

İçindekiler
- ¼ Porsiyon Tahıl Sütlü Dondurma tabanı; donmamış
- 4 gr dondurularak kurutulmuş mısır tozu [2 çay kaşığı]
- 42 gr Kahlua [3 yemek kaşığı]
- 42 gr votka [3 yemek kaşığı]

Talimatlar
a) Dondurma tabanını, mısır tozunu, Kahlua'yı ve votkayı küçük bir sürahi veya kasede çırpın.
b) İki buz dolu bardağa dökün.

24. Tatlı mısır gevreği sütlü dondurmalı pasta

1 (10-İNÇ) PASTA OLUŞTURUR; 8'DEN 10'A HİZMET VERİR

İçindekiler
- 225 gr Mısır Kurabiyesi [yaklaşık 3 kurabiye]
- 25 gr tereyağı, eritilmiş veya gerektiği gibi [2 yemek kaşığı]
- 1 porsiyon Tatlı Mısır Tahıl Sütü "Dondurma" Dolgusu

Talimatlar
a) Mısır kurabiyelerini mutfak robotuna koyun ve kurabiyeler parlak sarı kuma dönüşene kadar açıp kapatın.

b) Bir kapta, tereyağ ve öğütülmüş kurabiye karışımını bir top oluşturacak kadar nemli olana kadar elle yoğurun. Yeterince nemli değilse, ilave 14 gr (1 yemek kaşığı) tereyağını eritip yoğurun.

c) Parmaklarınızı ve avuç içlerinizi kullanarak, mısır kurabiyesi kabuğunu 10 inçlik bir pasta tabağına sıkıca bastırın. Pasta tabağının tabanının ve duvarlarının eşit şekilde kaplandığından emin olun. Plastiğe sarılmış kabuk, 2 haftaya kadar dondurulabilir.

d) Tahıl sütü "dondurma" dolgusunu turta kabuğuna kazımak ve yaymak için bir spatula kullanın. Dolguyu eşitlemek için doldurulmuş turtayı tezgahın yüzeyine vurun.

e) Turtayı en az 3 saat veya "dondurma" donana ve kesip servis edecek kadar sertleşene kadar dondurun. Cennet dilimlerinizi sonraya saklıyorsanız, plastiğe sarılı dondurmalı turtayı 2 haftaya kadar dondurabilirsiniz.

25. Mısır Kurabiyeleri

13 İLA 15 ÇEREZ YAPAR

İçindekiler

- 225 gr oda sıcaklığında tereyağ
- 300 gr şeker [1½ su bardağı]
- 1 yumurta
- 225 gr un [1⅓ su bardağı]
- 45 gr mısır unu [¼ su bardağı]
- 65 gr dondurularak kurutulmuş mısır tozu [¼ fincan]
- 3 gr kabartma tozu [¾ çay kaşığı]
- 1,5 gr kabartma tozu [¼ çay kaşığı]
- 6 gr koşer tuzu [1½ çay kaşığı]

Talimatlar

a) Tereyağı ve şekeri, kanatlı aparat ve krema ile donatılmış bir stand mikserin kasesinde 2 ila 3 dakika orta-yüksek sıcaklıkta birleştirin. Kasenin kenarlarını kazıyın, yumurtayı ekleyin ve 7-8 dakika çırpın.

b) Mikser hızını düşürün ve un, mısır unu, mısır tozu, kabartma tozu, kabartma tozu ve tuzu ekleyin. Hamur bir araya gelene kadar karıştırın, 1 dakikayı geçmeyin. Kasenin kenarlarını kazıyın.

c) $2\frac{3}{4}$ onsluk bir dondurma kaşığı (veya ⅓ fincan ölçüsü) kullanarak, hamuru parşömen kaplı bir tepsiye porsiyonlayın. Kurabiye hamuru kubbelerinin üst kısımlarını düzleştirin. Yaprak tavayı plastik ambalajla sıkıca sarın ve en az 1 saat veya 1 haftaya kadar buzdolabında saklayın. Kurabiyelerinizi oda sıcaklığında pişirmeyin, düzgün pişmezler.

d) Fırını 350 ° F'ye ısıtın.

e) Soğutulmuş hamuru parşömen veya Silpat astarlı sac tavalarda en az 4 inç aralıklarla düzenleyin. 18 dakika pişirin. Kurabiyeler kabaracak, çıtırdayacak ve yayılacaktır. 18 dakika sonra, kenarlar hafifçe kahverengileşmiş, ancak merkezler hala parlak sarı olmalıdır; değilse onlara fazladan bir dakika verin.

f) Çerezleri saklama için bir tabağa veya hava geçirmez bir kaba aktarmadan önce tepsilerde tamamen soğutun. Oda sıcaklığında kurabiyeler 5 gün tazeliğini koruyacaktır; dondurucuda 1 ay dayanırlar.

26. Tahıl sütlü dondurmalı pasta

1 (10 İNÇ) PASTA OLUŞTURUR; 8'DEN 10'A HİZMET VERİR

İçindekiler
- ½ porsiyon Cornflake Crunch [180 gr (2 su bardağı)]
- 25 gr eritilmiş tereyağı [2 yemek kaşığı]
- 1 porsiyon Tahıl Sütlü Dondurma

Talimatlar

a) Ellerinizi kullanarak, mısır gevreği gevrek kümelerini boyutlarının yarısına kadar ufalayın.

b) Eritilmiş tereyağını ufalanmış mısır gevreği ezmesine atın ve iyice karıştırın. Parmaklarınızı ve ellerinizin avuçlarını kullanarak, karışımı 10 inçlik bir turta kalıbına sıkıca bastırın, turta kalıbının tabanının ve yanlarının eşit şekilde kaplandığından emin olun. Plastiğe sarılmış kabuk, 2 haftaya kadar dondurulabilir.

c) Dondurmayı turta kabuğuna yaymak için bir spatula kullanın. Turtayı en az 3 saat veya dondurma yeterince sert donana kadar dondurun, böylece turtanın kesilmesi ve servis edilmesi kolay olur. Plastik sargıya sarılmış turta, dondurucuda 2 hafta boyunca saklanacaktır.

27. PB ve J pastası

1 (10 İNÇ) PASTA OLUŞTURUR; 8'DEN 10'A HİZMET VERİR

İçindekiler
- 1 porsiyon pişmemiş Ritz Crunch
- 1 porsiyon Fıstık Ezmeli Nuga
- 1 porsiyon Concord Üzüm Şerbeti
- $\frac{1}{2}$ porsiyon Concord Üzüm Sosu

Talimatlar
a) Fırını 275 ° F'ye ısıtın.
b) Ritz crunch'ı 10 inçlik bir turta kalıbına bastırın. Parmaklarınızı ve avuç içlerinizi kullanarak, çıtır çıtırı sıkıca bastırın, tabanı ve yanları eşit ve tamamen kapladığınızdan emin olun.
c) Kalıbı bir tepsiye koyun ve 20 dakika pişirin. Ritz kabuğu, başladığınız çıtır çıtırdan biraz daha altın kahverengi olmalı ve tereyağlı iyilikte biraz daha derin olmalıdır. Ritz crunch kabuğunu tamamen soğutun; plastiğe sarılı kabuk, 2 haftaya kadar dondurulabilir.
d) Fıstık ezmeli nugayı pasta kabuğunun dibine dağıtın ve ardından düz bir tabaka oluşturmak için hafifçe aşağı doğru bastırın. Bu katmanı 30 dakika veya soğuyana ve sertleşene kadar dondurun. Şerbeti nuganın üzerine alın ve eşit bir tabaka halinde yayın. Turtayı 30 dakika ila 1 saat arasında şerbet sertleşene kadar dondurucuya koyun.
e) Concord üzüm sosunu turtanın üzerine dökün ve hızlı bir şekilde şerbetin üzerine eşit şekilde yayın.
f) Dilimlemeye ve servis yapmaya hazır olana kadar pastayı tekrar dondurucuya koyun. Plastiğe (nazikçe) sarılmış pasta 1 aya kadar dondurulabilir.

28. greyfurtlu turta

1 (10 İNÇ) PASTA OLUŞTURUR; 8'DEN 10'A HİZMET VERİR

İçindekiler
- 1 porsiyon pişmemiş Ritz Crunch
- 1 porsiyon Greyfurt Passion Lor
- 1 porsiyon Şekerli Yoğunlaştırılmış Greyfurt

Talimatlar
a) Fırını 275 ° F'ye ısıtın.
b) Ritz crunch'ı 10 inçlik bir turta kalıbına bastırın. Parmaklarınızı ve avuç içlerinizi kullanarak, çıtır çıtırı sıkıca bastırın, tabanı ve yanları eşit ve tamamen kapladığınızdan emin olun.
c) Kalıbı bir tepsiye koyun ve 20 dakika pişirin. Ritz kabuğu, başladığınız çıtır çıtırdan biraz daha altın kahverengi olmalı ve tereyağlı iyilikte biraz daha derin olmalıdır. Kabuğu tamamen soğutun; plastiğe sarılı kabuk, 2 haftaya kadar dondurulabilir.
d) Bir kaşık veya ofset spatula kullanarak, greyfurt tutkusu lorunu Ritz kabuğunun tabanına eşit şekilde yayın. Loru sertleşene kadar yaklaşık 30 dakika ayarlamak için turtayı dondurucuya koyun.
e) Bir kaşık veya ofset spatula kullanarak, tatlandırılmış yoğunlaştırılmış greyfurtu pıhtı üzerine yayın, iki tabakayı karıştırmamaya dikkat edin ve pıhtının tamamen kaplandığından emin olun. Dilimlemeye ve servis yapmaya hazır olana kadar dondurucuya geri dönün.

29. Muz Kremalı Pasta

1 (10 İNÇ) PASTA OLUŞTURUR; 8'DEN 10'A HİZMET VERİR

İçindekiler
- 1 porsiyon Muz Kreması
- 1 porsiyon çikolata kabuğu
- 1 muz, henüz olgun, dilimlenmiş

muz kreması
- 225 gr muz
- 75 gr ağır krema [⅓ fincan]
- 55 gr süt [¼ su bardağı]
- 100 gr şeker [½ su bardağı]
- 25 gr mısır nişastası [2 yemek kaşığı]
- 2 gr koşer tuzu [½ çay kaşığı]
- 3 yumurta sarısı
- 2 jelatin yaprak
- 40 gr tereyağı [3 yemek kaşığı]
- 25 damla sarı gıda boyası [½ çay kaşığı]
- 160 gr krema [¾ su bardağı]
- 160 gr şekerleme şekeri [1 su bardağı]

Talimatlar

a) Muz kremasının yarısını turta kabuğuna dökün. Bir kat dilimlenmiş muzla kaplayın, ardından muzları kalan muz kremasıyla kaplayın. Turta buzdolabında saklanmalı ve yapıldıktan sonra bir gün içinde yenmelidir.

b) Muz, krema ve sütü bir karıştırıcıda birleştirin ve tamamen pürüzsüz olana kadar püre haline getirin.

c) Şeker, mısır nişastası, tuz ve yumurta sarısını ekleyin ve homojen olana kadar karıştırmaya devam edin. Karışımı orta boy bir tencereye dökün. Blender kutusunu temizleyin.

d) Jelatini çiçeklendirin.

e) Tava içeriğini çırpın ve orta-düşük ateşte ısıtın. Muz karışımı ısındıkça koyulaşacaktır. Bir kaynamaya getirin ve ardından nişastayı tamamen pişirmek için 2 dakika kuvvetlice çırpmaya devam edin. Karışım, eşleşecek bir renkle, çimento ile sınırlanan kalın yapıştırıcıya benzeyecektir.
f) Tava içeriğini karıştırıcıya boşaltın. Çiçeklenmiş jelatin ve tereyağını ekleyin ve karışım pürüzsüz ve eşit hale gelene kadar karıştırın. Karışımı, parlak bir karikatür muz sarısı olana kadar sarı gıda boyası ile renklendirin.
g) Muz karışımını ısıya dayanıklı bir kaba aktarın ve tamamen soğuması için 30 ila 60 dakika buzdolabına koyun.
h) Bir çırpma teli veya çırpma aparatına sahip bir mikser kullanarak, kremayı ve şekerlemelerin şekerini orta-yumuşak zirvelere kadar çırpın.
i) Soğuk muz karışımını çırpılmış kremaya ekleyin ve homojen bir renk alana ve homojen olana kadar yavaşça çırpın. Hava geçirmez bir kapta saklanan muz kreması, buzdolabında 5 güne kadar tazeliğini korur.

30. kek pasta

1 (10 İNÇ) PASTA OLUŞTURUR; 8'DEN 10'A HİZMET VERİR

İçindekiler
- ¾ porsiyon Graham Crust [255 gr (1½ bardak)]
- 125 gr %72 çikolata [4½ ons]
- 85 gr tereyağı [6 yemek kaşığı]
- 2 yumurta
- 150 gr şeker [¾ su bardağı]
- 40 gr un [¼ su bardağı]
- 25 gr kakao tozu
- 2 gr koşer tuzu [½ çay kaşığı]
- 110 gr krema [½ su bardağı]

Talimatlar
a) Fırını 350 ° F'ye ısıtın.
b) 210 g (1¼ bardak) graham hamurunu 10 inçlik bir tart kalıbına boşaltın ve kalan 45 g (¼ bardak) kenara koyun. Hamuru parmaklarınız ve avuç içlerinizle turta kalıbına sıkıca bastırın, tavanın altını ve yanlarını tamamen kaplayın. Plastiğe sarılmış kabuk, 2 haftaya kadar soğutulabilir veya dondurulabilir.
c) Çikolatayı ve tereyağını mikrodalgaya uygun bir kapta birleştirin ve 30 ila 50 saniye boyunca yavaşça birlikte eritin. Karışım parlak ve pürüzsüz olana kadar karıştırarak ısıya dayanıklı bir spatula kullanın.
d) Yumurtaları ve şekeri çırpma aparatı takılı bir stand mikserin kasesinde birleştirin ve karışım kabarık ve uçuk sarı olana ve şerit haline gelene kadar 3 ila 4 dakika yüksekte çırpın. (Çırpıcınızı çıkarın, çırpılmış yumurtalara daldırın ve bir sarkaç gibi ileri geri sallayın: karışım kalın, ipeksi bir şerit oluşturmalı ve ardından hamura kaybolmalıdır.) Karışım şerit oluşturmuyorsa, devam edin gerektiği kadar yüksek çırpma.

e) Çırpıcıyı kürek eki ile değiştirin. Çikolata karışımını yumurtalara dökün ve kısaca düşük hızda karıştırın, ardından hızı orta seviyeye yükseltin ve karışımı 1 dakika veya kahverengi ve tamamen homojen olana kadar kürekleyin. Koyu çikolata çizgileri varsa, birkaç saniye daha veya gerektiği kadar kürek çekin. Kasenin kenarlarını kazıyın.
f) Un, kakao tozu ve tuzu ekleyin ve 45 ila 60 saniye boyunca düşük hızda kürek çekin. Kuru malzeme kümeleri olmamalıdır. Topaklanma olursa 30 saniye daha karıştırın. Kasenin kenarlarını kazıyın.
g) Ağır kremayı düşük hızda akıtın, sadece hamur biraz gevşeyene ve beyaz krema çizgileri tamamen karışana kadar 30 ila 45 saniye karıştırın. Kasenin kenarlarını kazıyın.
h) Raketi ayırın ve kaseyi mikserden çıkarın. Bir spatula ile 45 g ($\frac{1}{4}$ fincan) graham kabuğunu yavaşça katlayın.
i) Bir sac tava alın ve üzerine graham kabuğundan pasta kalıbınızı koyun. Bir spatula ile brownie hamurunu graham kabuğuna kazıyın. 25 dakika pişirin. Turta yanlardan hafifçe kabarmalı ve üstte şekerli bir kabuk oluşturmalıdır. Kekin ortası hala sıvı haldeyse ve kabuk oluşturmamışsa, 5 dakika kadar daha pişirin.
j) Pastayı bir rafta soğutun. (Aceleniz varsa pastayı fırından çıkardıktan sonra buzdolabına veya derin dondurucuya dikkatlice aktararak soğutma sürecini hızlandırabilirsiniz.) Plastiğe sarılı turta buzdolabında 1 haftaya kadar tazeliğini korur veya dondurucuda 2 haftaya kadar.

31. çekirge turtası

1 (10 İNÇ) PASTA OLUŞTURUR; 8'DEN 10'A HİZMET VERİR

İçindekiler
- Adım 8'de hazırlanan 1 porsiyon Brownie Pie
- 1 porsiyon Nane Cheesecake Dolgusu
- 20 gr mini çikolata parçaları [2 yemek kaşığı]
- 25 gr mini marshmallow [$\frac{1}{2}$ fincan]
- 1 porsiyon Nane Sır, ılık

Talimatlar
a) Fırını 350 ° F'ye ısıtın.
b) Bir sac tava alın ve üzerine graham kabuğundan pasta kalıbınızı koyun. Nane cheesecake dolgusunu kabuğa dökün. Üzerine brownie hamurunu dökün. Hamuru ve nane dolgusunu döndürmek için bir bıçağın ucunu kullanın, nane dolgusunun çizgilerini kek hamurundan görünecek şekilde ayırın.
c) Mini çikolata parçacıklarını turtanın ortasındaki küçük bir halkaya serpiştirin, hedefin ortasını boş bırakın. Mini marshmallow'ları çikolata parçaları halkasının etrafındaki bir halkaya serpin.
d) Pastayı 25 dakika pişirin. Kenarlardan hafifçe kabarmalı ama yine de merkezde sallanmalı. Mini çikolata parçaları erimeye başlamış gibi görünecek ve mini şekerlemeler eşit şekilde tabaklanmış olmalıdır. Durum böyle değilse, turtayı 3 ila 4 dakika daha fırında bırakın.
e) Pastayı bitirmeden önce tamamen soğutun.
f) Sırınızın dokunulamayacak kadar sıcak olduğundan emin olun. Bir çatalın dişlerini ılık sırın içine daldırın, ardından çatalı turtanın hedef merkezinin yaklaşık 1 inç yukarısına sallayın.
g) Turtayı buzdolabına aktarın, böylece nane sırları servis yapmadan önce sertleşir - bu, soğuduğu anda, yaklaşık 15 dakika olur. Plastiğe sarılı turta, buzdolabında 1 haftaya kadar veya dondurucuda 2 haftaya kadar tazeliğini koruyacaktır.

32. sarışın turta

1 (10 İNÇ) PASTA OLUŞTURUR; 8'DEN 10'A HİZMET VERİR

İçindekiler
- ¾ Graham Crust'a hizmet ediyor
- [255 gr (1½ bardak)]
- 1 porsiyon Sarışın Turta Doldurma
- 1 porsiyon Kaju Pralin

Talimatlar
a) Fırını 325 ° F'ye ısıtın.
b) Graham kabuğunu 10 inçlik bir turta kalıbına boşaltın. Parmaklarınız ve avuç içlerinizle, tabanı ve yanları eşit şekilde kaplayacak şekilde pasta kalıbına sıkıca bastırın. Doldurma yaparken bir kenara koyun. Plastiğe sarılmış kabuk, 2 haftaya kadar soğutulabilir veya dondurulabilir.
c) Turta kalıbını bir tepsiye koyun ve sarışın turta dolgusunu dökün. Pastayı 30 dakika pişirin. Merkezde hafifçe ayarlanacak ve rengi koyulaşacaktır. Durum böyle değilse 3 ila 5 dakika ekleyin. Oda sıcaklığına soğumaya bırakın.
d) Servis yapmadan hemen önce turtanın üstünü kaju pralini ile kaplayın.

33. sarışın pasta doldurma

YAKLAŞIK 540 G (2¼ KUPA) YAPILIR

İçindekiler
- 160 gr beyaz çikolata [5½ ons]
- 55 gr tereyağı [4 yemek kaşığı (½ çubuk)]
- 2 yumurta sarısı
- 40 gr şeker [3 yemek kaşığı]
- 105 gr krema [½ su bardağı]
- 52 gr un [⅓ su bardağı]
- ½ porsiyon Kaju Gevrek
- 4 gr koşer tuzu [1 çay kaşığı]

Talimatlar

a) Beyaz çikolatayı ve tereyağını mikrodalgaya uygun bir kapta birleştirin ve orta ateşte 30 saniyelik artışlarla, patlamalar arasında karıştırarak hafifçe eritin. Eridikten sonra, karışımı pürüzsüz olana kadar çırpın.

b) Yumurta sarılarını ve şekeri orta boy bir kaba koyun ve pürüzsüz olana kadar çırpın. Beyaz çikolata karışımını içine dökün ve birleştirmek için çırpın. Ağır kremayı yavaşça gezdirin ve birleştirmek için çırpın.

c) Unu, kaju fıstığını ve tuzu küçük bir kasede karıştırın, ardından dikkatlice dolguya katlayın. Hemen kullanın veya hava geçirmez bir kapta buzdolabında 2 haftaya kadar saklayın.

34. Şeker çubuğu pastası

1 (10 İNÇ) PASTA OLUŞTURUR; 8 SERVİS

İçindekiler
- 1 porsiyon Tuzlu Karamel, eritilmiş
- 1 porsiyon Çikolatalı Kabuk, soğutulmuş
- 8 mini simit
- 1 porsiyon Fıstık Ezmeli Nuga
- 45 gr %55 çikolata [1½ ons]
- 45 gr beyaz çikolata [1½ ons]
- 20 gr üzüm çekirdeği yağı [2 yemek kaşığı]

Talimatlar
a) Tuzlu karameli kabuğa dökün. En az 4 saat veya gece boyunca ayarlamak için buzdolabına geri koyun.
b) Fırını 300 ° F'ye ısıtın.
c) Simitleri bir tepsiye yayın ve 20 dakika kızartın. Soğuması için kenara alın.
d) Turtayı buzdolabından alın ve sertleşen karamelin yüzünü nuga ile kaplayın. Nugayı aşağı bastırmak ve düz bir tabaka halinde pürüzsüz hale getirmek için avuçlarınızı kullanın. Turtayı buzdolabına geri koyun ve nuganın 1 saat sertleşmesine izin verin.
e) Çikolataları ve yağı mikrodalgaya uygun bir kapta birleştirerek ve orta ateşte 30 saniyelik artışlarla hafifçe eriterek ve patlamalar arasında karıştırarak bir çikolata sosu yapın. Çikolata eridikten sonra, karışımı pürüzsüz ve parlak olana kadar çırpın. Glazürü aynı gün kullanın veya hava geçirmez bir kapta oda sıcaklığında 3 haftaya kadar saklayın.
f) Turtayı bitirin: Buzdolabından çıkarın ve bir pasta fırçası kullanarak nuganın üzerine ince bir tabaka çikolata sosu sürün ve tamamen kaplayın. (Sır katılaştıysa, hafifçe ısıtın, böylece

pastanın üzerine boyamak kolay olur.) Simitleri pastanın kenarlarına eşit şekilde yerleştirin. Kalan çikolata sırını çubuk krakerlerin üzerine ince bir tabaka halinde boyayarak tazeliklerini ve lezzetlerini mühürlemek için pasta fırçasını kullanın.

g) Pastayı çikolatanın donması için en az 15 dakika buzdolabına koyun. Plastiğe sarılı turta, buzdolabında 3 hafta veya dondurucuda 2 aya kadar tazeliğini korur; servis yapmadan önce buzunu çözün.

h) Turtayı simitleri kılavuz olarak kullanarak 8 dilime ayırın: her dilimin üzerinde bütün bir çubuk kraker olmalıdır.

35. tarçınlı çörek

1 (10 İNÇ) PASTA OLUŞTURUR; 8'DEN 10'A HİZMET VERİR

İçindekiler

- ½ porsiyon Anne Hamuru, mayalanmış
- 30 gr un, üzerine serpmek için [3 yemek kaşığı]
- 80 gr kahverengi tereyağı [¼ su bardağı]
- 1 porsiyon Sıvı Cheesecake
- 60 gr açık kahverengi şeker [¼ fincan sıkıca paketlenmiş]
- 1 gr koşer tuzu [¼ çay kaşığı]
- 2 gr öğütülmüş tarçın [1 çay kaşığı]
- 1 porsiyon Tarçın Streusel

Talimatlar

a) Fırını 350 ° F'ye ısıtın.
b) Mayalanmış hamuru yumruklayın ve düzleştirin.
c) Bir tutam un alın ve tezgahı hafifçe kaplamak için sanki su üzerinde bir kayayı sektiriyormuşsunuz gibi pürüzsüz, kuru bir tezgahın yüzeyine atın. Başka bir tutam un alın ve bir oklava hafifçe serpin. Açtığınız hamur çemberini oklava ile düzleştirin, ardından hamuru oklava ile açın veya sıfırdan pizza yapıyormuş gibi hamuru elinizle açın. Nihai hedefiniz, çapı yaklaşık 11 inç olan büyük bir daire oluşturmaktır. Referans için 10 inçlik turta kalıbınızı yakınınızda tutun. 11 inçlik hamur yuvarlak ¼ ila ½ inç kalınlığında olmalıdır.
d) Hamuru tart kalıbına yavaşça yerleştirin. Hamuru sıkıca yerine bastırmak için parmaklarınızı ve avuçlarınızı kullanmak arasında geçiş yapın. Turta kalıbını bir sac tepsiye koyun.
e) Kahverengi yağın yarısını hamurun üzerine eşit bir tabaka halinde yaymak için bir kaşığın arkasını kullanın.
f) Sıvı cheesecake'in yarısını kahverengi tereyağının üzerine eşit bir tabaka halinde yaymak için başka bir kaşığın arkasını kullanın (kremsi beyaz cheesecake katmanınızda kahverengi

tereyağı istemezsiniz!). Kalan kahverengi tereyağını sıvı cheesecake'in üzerine eşit bir tabaka halinde yayın.

g) Kahverengi şekeri kahverengi yağın üzerine serpiştirin. Yerinde kalmasına yardımcı olmak için elinizin tersiyle bastırın. Ardından tuz ve tarçını eşit şekilde serpin.

h) Şimdi en zor katmana geçelim: kalan sıvı cheesecake. Serin kalın ve mümkün olan en eşit katmanı elde etmek için olabildiğince nazikçe yayın.

i) Streusel'i cheesecake tabakasının üzerine eşit şekilde serpin. Streusel'i sabitlemek için elinizin arkasını kullanın.

j) Pastayı 40 dakika pişirin. Kabuk kabaracak ve kahverengileşecek, sıvı cheesecake sertleşecek ve Streusel tepesi çıtır çıtır ve kahverengi olacaktır. 40 dakika sonra tavayı hafifçe sallayın. Pastanın ortası hafifçe sallanmalıdır. Dolgu, turta kalıbının dış kenarlarına doğru ayarlanmalıdır. Dolgunun bir kısmı aşağıdaki tepsiye sıçradıysa endişelenmeyin, bunu sonrası için bir atıştırmalık olarak kabul edin. Gerekirse, turta yukarıdaki açıklamaya uyana kadar 5 dakika daha pişirin.

k) Pastayı bir tel rafta soğutun. Saklamak için turtayı tamamen soğutun ve streç filmle iyice sarın. Pasta buzdolabında 3 gün boyunca taze kalacaktır (kabuk çabuk bayatlar); dondurucuda 1 ay dayanır.

l) Turtayı servis etmeye hazır olduğunuzda, en iyisinin sıcak servis edildiğini bilin! Dilimleyin ve her bir dilimi 30 saniye yüksekte mikrodalgaya koyun veya tüm turtayı 250°F fırında 10 ila 20 dakika ısıtın, sonra dilimleyin ve servis yapın.

36. Limonlu beze-fıstıklı turta

1 (10 İNÇ) PASTA OLUŞTURUR; 8'DEN 10'A HİZMET VERİR

İçindekiler
- 1 porsiyon Antep fıstığı ezmesi
- 15 gr beyaz çikolata, eritilmiş [½ ons]
- ¼ porsiyon Limonlu Lor [305 g (1⅓ bardak)]
- 200 gr şeker [1 su bardağı]
- 100 gr su [½ su bardağı]
- 3 yumurta akı
- ⅓ porsiyon Limonlu Lor [155 g (¼ fincan)]

Talimatlar

a) Antep fıstığı ezmesini 10 inçlik bir turta kalıbına boşaltın. Parmaklarınız ve avuç içlerinizle çıtır çıtırı turta kalıbına sıkıca bastırın, tabanın ve yanların eşit şekilde kaplandığından emin olun. Dolguyu yaparken kenara koyun; Plastiğe sarılı kabuk, 2 haftaya kadar buzdolabında saklanabilir.

b) Bir pasta fırçası kullanarak, kabuğun altına ve kenarlarına ince bir beyaz çikolata tabakası sürün. Çikolatayı donması için hamuru 10 dakika dondurucuya koyun.

c) 305 gr (1⅓ su bardağı) limonlu lor küçük bir kaseye konur ve biraz gevşetmek için karıştırılır. Limon kremasını bir kabuğa kazıyın ve eşit bir tabaka halinde yaymak için bir kaşığın veya spatulanın arkasını kullanın. Limonlu lor tabakasının sabitlenmesine yardımcı olmak için turtayı yaklaşık 10 dakika dondurucuya yerleştirin.

d) Bu arada, şekeri ve suyu küçük, kalın tabanlı bir tencerede birleştirin ve ıslak kum gibi hissedene kadar şekeri suyun içinde yavaşça akıtın. Tencereyi orta ateşe koyun ve karışımı 115°C'ye (239°F) kadar ısıtın, sıcaklığı anında okunan veya şeker termometresiyle takip edin.

e) Şeker ısınırken, yumurta aklarını bir stand mikserin kasesine koyun ve çırpma aparatı ile orta yumuşak zirvelere kadar çırpmaya başlayın.
f) Şeker şurubu 115°C'ye (239°F) ulaştığında, ocaktan alın ve çok dikkatli bir şekilde çırpmakta olan yumurta aklarına dökün, çırpmamaya özen gösterin: bunu yapmadan önce karıştırıcıyı çok düşük devire getirin, Yüzünüzde bazı ilginç yanık izleri istemiyorsanız.
g) Yumurta aklarına şekerin tamamı başarıyla eklendikten sonra, mikserin hızını tekrar yükseltin ve bezeyi oda sıcaklığına soğuyana kadar çırpın.
h) Beze çırpılırken 155 gr ($\frac{1}{4}$ su bardağı) limonlu kremayı geniş bir kaseye alın ve bir spatula yardımıyla biraz gevşeterek karıştırın.
i) Beze oda sıcaklığına gelince mikseri kapatın, kaseyi çıkarın ve bezeyi söndürmemeye dikkat ederek beyaz çizgi kalmayıncaya kadar spatula ile limonlu kremaya karıştırın.
j) Pastayı dondurucudan çıkarın ve limon kremasının üzerine limon kremasını alın. Bir kaşık kullanarak, bezeyi limon lorunu tamamen kaplayacak şekilde eşit bir tabaka halinde yayın.
k) Pastayı kullanıma hazır olana kadar dondurucuda servis yapın veya saklayın. Sert bir şekilde dondurulduktan sonra plastik sargıya sıkıca sarılır, dondurucuda 3 haftaya kadar saklanır. Pastayı bir gece buzdolabında veya servis yapmadan önce oda sıcaklığında en az 3 saat çözün.

37. Çatlak pasta doldurma

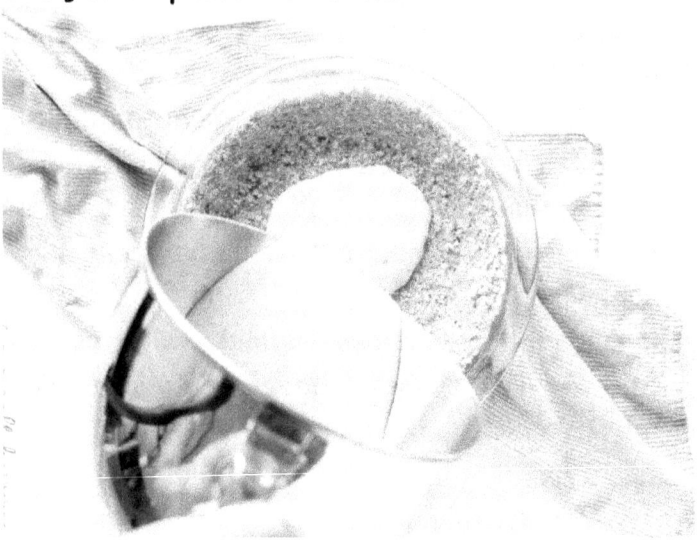

2 (10 İNÇ) CRACK PIES İÇİN YETERLİDİR

İçindekiler

- 300 gr toz şeker [1½ su bardağı]
- 180 gr açık kahverengi şeker [¾ fincan sıkıca paketlenmiş]
- 20 gr süt tozu [¼ su bardağı]
- 24 gr mısır tozu [¼ fincan]
- 6 gr koşer tuzu [1½ çay kaşığı]
- 225 gr eritilmiş tereyağı [16 yemek kaşığı (2 çubuk)]
- 160 gr krema [¾ su bardağı]
- 2 gr vanilya özü [½ çay kaşığı]
- 8 yumurta sarısı

Talimatlar

a) Şekeri, kahverengi şekeri, süt tozunu, mısır tozunu ve tuzu kürek eki ile donatılmış bir stand mikserin kasesinde birleştirin ve eşit şekilde karışana kadar düşük hızda karıştırın.

b) Eritilmiş tereyağını ekleyin ve tüm kuru malzemeler nemli olana kadar 2 ila 3 dakika kürek çekin.

c) Ağır krema ve vanilyayı ekleyin ve kremadaki beyaz çizgiler karışımda tamamen kaybolana kadar 2 ila 3 dakika düşük hızda karıştırmaya devam edin. Bir spatula ile kasenin kenarlarını kazıyın.

d) Yumurta sarılarını ekleyin, sadece birleştirmek için onları karışıma sürün; Karışımı havalandırmamaya dikkat edin, ancak karışımın parlak ve homojen olduğundan emin olun. olana kadar düşük hızda karıştırın.

e) Dolguyu hemen kullanın veya hava geçirmez bir kapta buzdolabında 1 haftaya kadar saklayın.

38. çatlak turta

2 (10 İNÇ) PIES YAPAR; HER BİRİ 8'DEN 10'A HİZMET VERİR

İçindekiler
- 1 porsiyon Yulaflı Kurabiye
- 15 gr açık kahverengi şeker [sıkıca paketlenmiş 1 yemek kaşığı]
- 1 gr tuz [¼ çay kaşığı]
- 55 gr tereyağı, eritilmiş veya gerektiği gibi [4 yemek kaşığı (½ çubuk)]
- 1 porsiyon Crack Pie Doldurma
- pudra şekeri, üzerine serpmek için

Talimatlar

a) Fırını 350 ° F'ye ısıtın.

b) Yulaflı kurabiyeyi, kahverengi şekeri ve tuzu bir mutfak robotuna koyun ve kurabiye ıslak bir kuma dönüşene kadar açıp kapatın. (Mutfak robotunuz yoksa, yapana kadar taklit edebilir ve yulaflı kurabiyeyi ellerinizle özenle ufalayabilirsiniz.)

c) Kırıntıları bir kaseye aktarın, tereyağını ekleyin ve tereyağ ve öğütülmüş kurabiye karışımını bir top oluşturacak kadar nemli olana kadar yoğurun. Bunu yapmak için yeterince nemli değilse, ilave 14 ila 25 gr (1 ila 1½ yemek kaşığı) tereyağını eritin ve yoğurun.

d) Yulaf kabuğunu 2 (10 inç) turta kalıbı arasında eşit olarak bölün. Yulaflı kurabiye kabuğunu parmaklarınızı ve avuç içlerinizi kullanarak her turta kalıbına sıkıca bastırın, kalıbın altının ve yanlarının eşit şekilde kaplandığından emin olun. Turta kabuklarını hemen kullanın veya plastiğe iyice sarın ve 5 güne kadar oda sıcaklığında veya 2 haftaya kadar buzdolabında saklayın.

e) Her iki turta kabuğunu da bir tepsiye koyun. Çatlak turta dolgusunu kabuklar arasında eşit olarak bölün; doldurma, onları tam yolun dörtte üçünü doldurmalıdır. Sadece 15 dakika pişirin. Turtaların üstü altın kahverengi olmalı ama yine de çok sallanacak.

f) Fırın kapağını açın ve fırın sıcaklığını 325°F'ye düşürün. Fırınınıza bağlı olarak, fırının yeni sıcaklığa soğuması 5 dakika veya daha uzun sürebilir. Bu işlem sırasında börekleri fırında bekletin. Fırın 325°F'ye ulaştığında kapıyı kapatın ve turtaları 5 dakika daha pişirin. Turtalar, tam ortasında hala sallanıyor olmalı, ancak dış kenarlarda olmamalıdır. Doldurma hala çok sallanıyorsa, turtaları 5 dakika daha fırında bırakın.

g) Çatlak turta tavasını yavaşça fırından çıkarın ve oda sıcaklığına soğuması için bir rafa aktarın. (Aceleniz varsa, turtaları dikkatli bir şekilde buzdolabına veya derin dondurucuya aktararak soğutma sürecini hızlandırabilirsiniz.) Ardından, yoğun bir son ürün elde etmek için dolguyu yoğunlaştırmak için turtalarınızı en az 3 saat veya gece boyunca dondurun. dondurma, imza tekniğidir ve mükemmel şekilde uygulanmış bir çatlak pastanın sonucudur.

h) Turtaları hemen servis etmeyecekseniz, plastik ambalajla iyice sarın. Buzdolabında 5 gün tazeliğini koruyacaktır; dondurucuda 1 ay dayanırlar. İçeri girmeye hazır olmadan en az 1 saat önce turtaları dondurucudan buzdolabına aktarın.

i) Çatlak turtanızı soğuk servis edin! Tart(lar)ınızı pudra şekeri ile ister ince süzgeçten geçirerek, ister parmaklarınızla küçük parçalar kopartarak süsleyin.

39. Süt kırıntısı

YAKLAŞIK 260 GR (2¼ KUPA) YAPILIR

İçindekiler
- 40 gr süt tozu [½ su bardağı]
- 40 gr un [¼ su bardağı]
- 12 gr mısır nişastası [2 yemek kaşığı]
- 25 gr şeker [2 yemek kaşığı]
- 2 gr koşer tuzu [½ çay kaşığı]
- 55 gr eritilmiş tereyağı [4 yemek kaşığı (½ çubuk)]
- 20 gr süt tozu [¼ su bardağı]
- 90 gr beyaz çikolata, eritilmiş [3 ons]

Talimatlar
a) Fırını 250 ° F'ye ısıtın.
b) 40 gr (½ su bardağı) süt tozu, un, mısır nişastası, şeker ve tuzu orta boy bir kapta birleştirin. Karıştırmak için ellerinizle atın. Eritilmiş tereyağını ekleyin ve karışım bir araya gelip küçük kümeler oluşturana kadar bir spatula kullanarak fırlatın.
c) Kümeleri parşömen veya Silpat kaplı bir tepsiye yayın ve 20 dakika pişirin. Kırıntılar bu noktada kumlu olmalı ve mutfağınız tereyağlı cennet gibi kokmalı. Kırıntıları tamamen soğutun.
d) Çapı ½ inçten büyük olan süt kırıntısı kümelerini ufalayın ve kırıntıları orta boy bir kaseye koyun. 20 g (¼ fincan) süt tozunu ekleyin ve karışıma eşit şekilde dağılana kadar karıştırın.
e) Beyaz çikolatayı kırıntıların üzerine dökün ve fırlatın. Ardından, beyaz çikolata sertleşene ve kümeler artık yapışkan olmayana kadar her 5 dakikada bir fırlatmaya devam edin. Kırıntılar, buzdolabında veya derin dondurucuda hava geçirmez bir kapta 1 aya kadar saklanacaktır.

40. Berry süt kırıntısı

YAKLAŞIK 320 GR (2½ KUPA) YAPILIR

İçindekiler
- 1 porsiyon Süt Kırıntısı
- 40 gr dondurularak kurutulmuş vişne tozu [½ su bardağı]
- 20 gr dondurularak kurutulmuş yaban mersini tozu [¼ fincan]
- 0,5 gr koşer tuzu [⅛ çay kaşığı]

Talimatlar

a) Süt kırıntılarını, meyve tozları ve tuzla orta boy bir kapta, tüm kırıntılar, meyve tozuyla kaplanmış, eşit benekli kırmızı ve mavi olana kadar atın.

b) Kırıntılar, buzdolabında veya derin dondurucuda hava geçirmez bir kapta 1 aya kadar saklanacaktır.

41. Doğum günü pastası kırıntısı

YAKLAŞIK 275 G (2¼ KUPA) YAPILIR

İçindekiler
- 100 gr toz şeker [½ su bardağı]
- 25 gr açık kahverengi şeker [sıkıca paketlenmiş 1½ yemek kaşığı]
- 90 gr kek unu [¾ su bardağı]
- 2 gr kabartma tozu [½ çay kaşığı]
- 2 gr koşer tuzu [½ çay kaşığı]
- 20 gr gökkuşağı sprinkles [2 yemek kaşığı]
- 40 gr üzüm çekirdeği yağı [¼ su bardağı]
- 12 gr berrak vanilya özü [1 yemek kaşığı]

Talimatlar
a) Fırını 300 ° F'ye ısıtın.
b) Şekerleri, unu, kabartma tozunu, tuzu ve serpme malzemelerini kürek eki ile donatılmış bir stand mikserin kasesine koyun ve iyice karışana kadar düşük hızda karıştırın.
c) Yağ ve vanilyayı ekleyin ve dağıtmak için tekrar kürek çekin. Islak bileşenler, kuru bileşenlerin küçük kümeler oluşturmasına yardımcı olmak için yapıştırıcı görevi görür; olana kadar kürek çekmeye devam edin.
d) Kümeleri parşömen veya Silpat astarlı bir tepsiye yayın. 20 dakika pişirin, ara sıra kırın.

42. Maltlı süt kırıntısı

YAKLAŞIK 375 GR (2½ KUPA) YAPILIR

İçindekiler
- 1 porsiyon Süt Kırıntısı
- 60 g Ovaltine, malt aroması [¾ fincan]
- 90 gr beyaz çikolata, eritilmiş [3 ons]

Talimatlar

a) Süt kırıntılarını Ovaltine malt tozu ile orta boy bir kasede tüm kırıntılar açık kahverengi olana kadar karıştırın.

b) Beyaz çikolatayı kırıntıların üzerine dökün ve tüm kümeler kaplanana kadar savurmaya devam edin. Ardından, beyaz çikolata sertleşene ve kümeler artık yapışkan olmayana kadar her 5 dakikada bir fırlatmaya devam edin. (Sonuç, orijinal süt kırıntısı gibi olacak, ancak çita benzeri açık kahverengi malt tozu lekesi olacak.) Kırıntılar hava geçirmez bir kapta buzdolabında veya derin dondurucuda 1 aya kadar saklanabilir.

43. çikolata kırıntısı

YAKLAŞIK 350 GR (2½ KUPA) YAPILIR

İçindekiler

- 105 gr un [¼ su bardağı]
- 4 gr mısır nişastası [1 çay kaşığı]
- 100 gr şeker [½ su bardağı]
- 65 gr kakao tozu
- 4 gr koşer tuzu [1 çay kaşığı]
- 85 gr eritilmiş tereyağı [6 yemek kaşığı]

Talimatlar

a) Fırını 300 ° F'ye ısıtın.

b) Un, mısır nişastası, şeker, kakao tozu ve tuzu, kürek aparatına sahip bir stand mikserin kasesinde birleştirin ve karıştırılana kadar düşük hızda döndürün.

c) Tereyağı ekleyin ve karışım küçük kümeler halinde bir araya gelmeye başlayana kadar düşük hızda çırpın.

d) Kümeleri parşömen veya Silpat astarlı bir tepsiye yayın. 20 dakika pişirin, ara sıra kırın. Kırıntılar bu noktada dokunulamayacak kadar hafif nemli olmalıdır; soğudukça kurur ve sertleşirler.

e) Kullanmadan önce kırıntıların tamamen soğumasını bekleyin.

44. Pasta kırıntısı

YAKLAŞIK 350 G (2¾ KUPA) YAPILIR

İçindekiler
- 240 gr un [1½ su bardağı]
- 18 gr şeker [2 yemek kaşığı]
- 3 gr koşer tuzu [¾ çay kaşığı]
- 115 gr eritilmiş tereyağı [8 yemek kaşığı (1 çubuk)]
- 20 gr su [1½ yemek kaşığı]

Talimatlar

a) Fırını 350 ° F'ye ısıtın.

b) Un, şeker ve tuzu, kürek aparatına sahip bir stand mikserin kasesinde birleştirin ve iyice karışana kadar düşük hızda döndürün.

c) Tereyağı ve suyu ekleyin ve karışım küçük kümeler halinde bir araya gelene kadar düşük hızda kürek çekin.

d) Kümeleri parşömen veya Silpat astarlı bir tepsiye yayın. 25 dakika pişirin, ara sıra kırın. Kırıntılar altın renginde olmalı ve bu noktada dokunulamayacak kadar hafif nemli olmalıdır; soğudukça kurur ve sertleşirler.

e) Kullanmadan önce kırıntıların tamamen soğumasını bekleyin.

45. Pasta kırıntısı buzlanma

YAKLAŞIK 220 G ($\frac{3}{4}$ BARDAK) VEYA 2 ELMALI PIE KATLI KEK İÇİN YETERLİ YAPILIR

İçindekiler
- $\frac{1}{2}$ porsiyon Turta Kırıntısı
- 110 gr süt [$\frac{1}{2}$ su bardağı]
- 2 gr koşer tuzu [$\frac{1}{2}$ çay kaşığı]
- 40 gr oda sıcaklığında tereyağ [3 yemek kaşığı]
- 40 gr şekerleme şekeri [$\frac{1}{4}$ su bardağı]

Talimatlar

a) Turta kırıntılarını, sütü ve tuzu bir karıştırıcıda birleştirin, hızı orta-yüksek seviyeye getirin ve pürüzsüz ve homojen olana kadar püre haline getirin. 1 ila 3 dakika sürecektir (blenderinizin harikalığına bağlı olarak). Karışım blender bıçağınıza yapışmazsa, blenderi kapatın, küçük bir çay kaşığı alın ve bıçağın altını kazımayı unutmadan kabın kenarlarını kazıyın ve ardından tekrar deneyin.

b) Tereyağı ve şekerlemelerin şekerini, kürek eki ve krema ile donatılmış bir stand mikserin kasesinde orta-yüksekte 2 ila 3 dakika, kabarık ve soluk sarı olana kadar birleştirin. Bir spatula ile kasenin kenarlarını kazıyın.

c) Düşük hızda, blenderin içindekileri kürekle karıştırın. 1 dakika sonra, hızı orta-yüksek seviyeye çıkarın ve 2 dakika daha yırtmasına izin verin. Kasenin kenarlarını kazıyın. Karışım düzgün, çok soluk, zar zor ten rengi değilse, kaseyi bir kez daha kazıyın ve bir dakika daha yüksek hızda kürek çekin.

d) Buzlanmayı hemen kullanın veya 1 haftaya kadar buzdolabında hava geçirmez bir kapta saklayın.

46. çikolata kabuğu

1 (10 İNÇ) TURTA KABUK OLUŞTURUR

İçindekiler

- $\frac{3}{4}$ porsiyon Çikolata Kırıntısı [260 g (1$\frac{3}{4}$ bardak)]
- 8 gr şeker [2 çay kaşığı]
- 0,5 gr koşer tuzu [$\frac{1}{8}$ çay kaşığı]
- 14 gr tereyağı, eritilmiş veya gerektiği gibi [1 yemek kaşığı]

Talimatlar

a) Çikolata kırıntılarını bir mutfak robotunda kum haline gelene ve büyük kümeler kalmayana kadar çekin.

b) Kumu bir kaseye aktarın ve ellerinizle şeker ve tuzla karıştırın. Eritilmiş tereyağını ekleyin ve bir top haline gelecek kadar nemli olana kadar kuma yoğurun. Yeterince nemli değilse, ilave 14 gr (1 yemek kaşığı) tereyağını eritip yoğurun.

c) Karışımı 10 inçlik bir turta kalıbına aktarın. Parmaklarınız ve avuç içlerinizle çikolata kabuğunu kalıba sıkıca bastırın, turta kalıbının altının ve yanlarının eşit şekilde kaplandığından emin olun. Plastik sargıya sarılmış kabuk, oda sıcaklığında 5 güne kadar veya buzdolabında 2 hafta saklanabilir.

47. Graham kabuğu

YAKLAŞIK 340 GR (2 BARDAK) YAPILIR

İçindekiler

- 190 gr graham kraker kırıntıları [1½ su bardağı]
- 20 gr süt tozu [¼ su bardağı]
- 25 gr şeker [2 yemek kaşığı]
- 3 gr koşer tuzu [¾ çay kaşığı]
- 55 gr tereyağı, eritilmiş veya gerektiği gibi [4 yemek kaşığı (½ çubuk)]
- 55 gr krema [¼ su bardağı]

Talimatlar

a) Kuru malzemelerinizi eşit şekilde dağıtmak için graham kırıntılarını, süt tozunu, şekeri ve tuzu ellerinizle orta boy bir kaseye atın.

b) Tereyağı ve ağır kremayı birlikte çırpın. Kuru malzemeleri ekleyin ve eşit şekilde dağıtmak için tekrar atın. Tereyağı, kuru bileşenlere yapışarak ve karışımı bir demet küçük kümeye dönüştürerek bir yapıştırıcı görevi görecektir. Karışım avucunuzun içinde sıkıca sıkılırsa şeklini korumalıdır. Bunu yapmak için yeterince nemli değilse, ilave 14 ila 25 gr (1 ila 1½ yemek kaşığı) tereyağını eritin ve karıştırın.

48. anne hamuru

YAKLAŞIK 850 G (2 Pound) yapar

İçindekiler
- 550 gr un [3½ su bardağı]
- 12 gr koşer tuzu [1 yemek kaşığı]
- 3,5 gr aktif kuru maya [½ paket veya 1⅛ çay kaşığı]
- 370 gr oda sıcaklığında su [1¾ bardak]

Talimatlar
a) Bir hamur yapmak için birleştirin

49. Graham dondurması

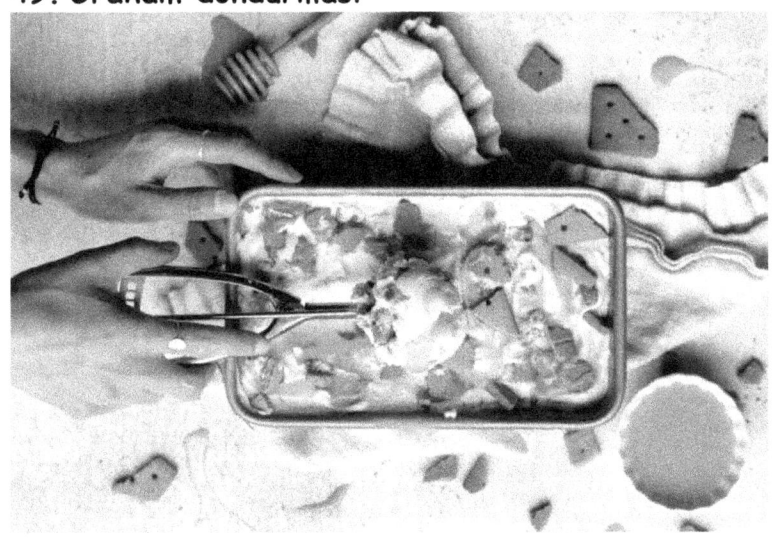

YAKLAŞIK 550 GR (1 PINT) YAPAR
İçindekiler
- ¼ porsiyon Graham Crust [85 gr (½ fincan)]
- 220 gr süt [1 su bardağı]
- 2 jelatin yaprak
- 160 gr krema [¾ su bardağı]
- 100 gr glikoz [¼ fincan]
- 65 gr şeker [⅓ su bardağı]
- 40 gr süt tozu [½ su bardağı]
- 1 gr koşer tuzu [¼ çay kaşığı]

Talimatlar

a) Fırını 250 ° F'ye ısıtın.
b) Graham kabuğunu parşömen veya Silpat astarlı bir tepsiye dökün ve eşit şekilde yayın. Hafifçe kızarması ve lezzetinin derinleşmesi için 15 dakika pişirin. Tamamen soğutun.
c) Soğutulmuş graham kabuğunu bir sürahiye aktarın. Sütü dökün ve karıştırın. 20 dakika oda sıcaklığında demlenmeye bırakın.
d) Karışımı ince gözenekli bir elekten orta boy bir kaseye süzün. Süt önce çabuk boşalacak, ardından süzme işleminin sonuna doğru koyulaşacak ve nişastalı hale gelecektir. Bir kepçenin arkasını (veya elinizi) kullanarak, kızarmış graham kabuğundaki sütü sıkın, ancak lapa kıvamındaki graham kabuğunu elekten geçirmeye zorlamayın. Bahsedilen lapayı atın.
e) Jelatini çiçeklendirin.
f) Graham sütünden biraz ısıtın ve çözünmesi için jelatini çırpın. Kalan graham sütünü, yoğun kremayı, glikozu, şekeri, süt tozunu ve tuzu her şey tamamen eriyene ve karışana kadar çırpın.
g) Karışımı ince gözenekli bir elekten geçirerek dondurma makinenize dökün ve üreticinin talimatlarına göre dondurun. Dondurma en iyi servis yapmadan veya kullanmadan hemen önce döndürülür, ancak hava geçirmez bir kapta dondurucuda 2 haftaya kadar saklanır.

50. beyaz şeftali şerbeti

YAKLAŞIK 450 GR (1 PINT) YAPAR
İçindekiler
- 400 gr olgun beyaz şeftali [yaklaşık 5]
- 1 jelatin levha
- 100 gr glikoz [$\frac{1}{4}$ fincan]
- 2 gr koşer tuzu [$\frac{1}{2}$ çay kaşığı]
- 0,5 g sitrik asit [$\frac{1}{8}$ çay kaşığı]

Talimatlar

a) Şeftalileri ortadan ikiye kesip çekirdeklerini çıkarın. Onları bir karıştırıcıya koyun ve pürüzsüz ve homojen olana kadar 1 ila 3 dakika püre haline getirin. Püreyi ince gözenekli bir elekten orta boy bir kaseye geçirin. Mümkün olduğu kadar çok meyve suyu çıkarmak için pürenin tortularına bastırmak için bir kepçe veya kaşık kullanın; sadece birkaç kaşık dolusu katı maddeyi atmalısın.

b) Jelatini çiçeklendirin.

c) Şeftali püresinden biraz ısıtın ve çözünmesi için jelatini çırpın. Kalan şeftali püresini, glikozu, tuzu ve sitrik asidi her şey tamamen eriyene ve karışana kadar çırpın.

d) Karışımı dondurma makinenize dökün ve üreticinin talimatlarına göre dondurun. Şerbet en iyi servis yapmadan veya kullanmadan hemen önce döndürülür, ancak hava geçirmez bir kapta dondurucuda 2 haftaya kadar saklanır.

51. Kırmızı kadife dondurma

YAKLAŞIK 450 GR (1 PINT) YAPAR

İçindekiler

- 1 jelatin levha
- 220 gr süt [1 su bardağı]
- ½ porsiyon Fudge Sos
- 50 gr Çikolatalı Kek "artık"
- 35 gr kakao tozu
- 25 gr şeker [2 yemek kaşığı]
- 25 gr glikoz [1 yemek kaşığı]
- 12 gr damıtılmış beyaz sirke [1 yemek kaşığı]
- 12 gr ayran [1 yemek kaşığı]
- 8 gr kırmızı gıda boyası [2 çay kaşığı]
- 4 gr koşer tuzu [1 çay kaşığı]

Talimatlar

a) Jelatini çiçeklendirin.

b) Sütten biraz ısıtın ve çözünmesi için jelatini çırpın. Jelatin karışımını bir karıştırıcıya aktarın, kalan sütü, şekerleme sosu, çikolatalı kek, kakao tozu, şeker, glikoz, sirke, ayran, gıda boyası ve tuzu ekleyin ve pürüzsüz ve homojen olana kadar püre haline getirin. Harmanlama süresi konusunda cimri olmayın; kek artıklarının sıvıyı emmesi ve bir şekilde karışıma dağılması gerekir.

c) Karışımı ince gözenekli bir elekten geçirerek dondurma makinenize dökün ve üreticinin talimatlarına göre dondurun. Dondurma en iyi servis yapmadan veya kullanmadan hemen önce döndürülür, ancak hava geçirmez bir kapta dondurucuda 2 haftaya kadar saklanır.

52. Guava şerbeti

YAKLAŞIK 425 GR (1 PINT) YAPAR

İçindekiler
- 1 jelatin levha
- 325 gr guava nektarı [$1\frac{1}{4}$ bardak]
- 100 gr glikoz [$\frac{1}{4}$ fincan]
- 0,25 gr limon suyu [$\frac{1}{8}$ çay kaşığı]
- 1 gr koşer tuzu [$\frac{1}{4}$ çay kaşığı]

Talimatlar

a) Jelatini çiçeklendirin.

b) Biraz guava nektarını ısıtın ve çözünmesi için jelatini çırpın. Kalan guava nektarı, glikoz, limon suyu ve tuzu her şey tamamen eriyene ve karışana kadar çırpın.

c) Karışımı dondurma makinenize dökün ve üreticinin talimatlarına göre dondurun. Şerbet en iyi servis yapmadan veya kullanmadan hemen önce döndürülür, ancak hava geçirmez bir kapta dondurucuda 2 haftaya kadar saklanır.

53. Cheesecake dondurma

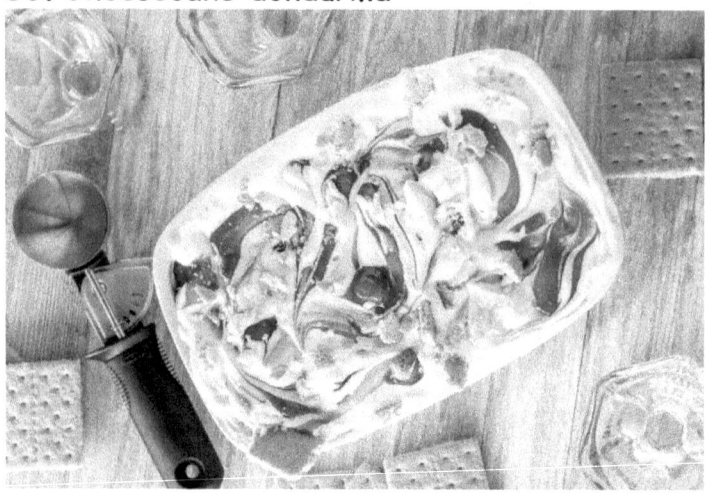

YAKLAŞIK 450 GR (1 PINT) YAPAR

İçindekiler

- 1 jelatin levha
- 220 gr süt [1 su bardağı]
- ½ porsiyon Sıvı Cheesecake
- 15 gr ekşi krema [1 yemek kaşığı]
- ¼ porsiyon Graham Crust [85 gr (½ fincan)]
- 20 gr süt tozu [¼ su bardağı]
- 2 gr koşer tuzu [½ çay kaşığı]

Talimatlar

a) Jelatini çiçeklendirin.
b) Sütten biraz ısıtın ve çözünmesi için jelatini çırpın.
c) Jelatin karışımını bir karıştırıcıya aktarın, kalan sütü, sıvı cheesecake'i, ekşi kremayı, graham kabuğunu, süt tozunu ve tuzu ekleyin ve pürüzsüz ve homojen olana kadar püre haline getirin. Harmanlama süresi konusunda cimri olmayın: graham kabuğunun tamamen sıvılaştırıldığından emin olmak istiyorsunuz; Aksi halde cheesecake dondurmanız o tadı kaçıracaktır.
d) Dondurma tabanını ince gözenekli bir elekten dondurma makinenize dökün ve üreticinin talimatlarına göre dondurun.

54. armut şerbeti

YAKLAŞIK 480 G (1 PINT) YAPAR

İçindekiler
- 1 jelatin levha
- 400 gr armut püresi [2⅓ su bardağı]
- 50 gr glikoz [2 yemek kaşığı]
- 30 gr mürver çiçeği likörü [1 yemek kaşığı]
- 0,5 gr koşer tuzu [⅛ çay kaşığı]
- 0,5 g sitrik asit [⅛ çay kaşığı]

Talimatlar
a) Jelatini çiçeklendirin.
b) Biraz armut püresini ısıtın ve eritmek için jelatini çırpın. Kalan armut püresini, glikozu, mürver çiçeği şurubunu, tuzu ve sitrik asidi her şey tamamen eriyene ve karışana kadar çırpın.
c) Karışımı dondurma makinenize dökün ve üreticinin talimatlarına göre dondurun. Şerbet en iyi servis yapmadan veya kullanmadan hemen önce döndürülür, ancak hava geçirmez bir kapta dondurucuda 2 haftaya kadar saklanır.

55. Selâmlı yumuşatılmış çilek

YAKLAŞIK 160 GR (1½ KUPA) YAPILIR

İçindekiler
- 150 gr Tristar çileği, kabuğu çıkarılmış [1 pint]
- ½ dal selâm sapı, doğranmış
- 12 gr şeker [1 yemek kaşığı]
- 0,5 gr koşer tuzu [⅛ çay kaşığı]
- 1 gr şeri sirkesi [¼ çay kaşığı]

Talimatlar
a) Küçük bir kapta çilek, selâmotu, şeker, tuz ve sirkeyi birleştirin.
b) Çilekler eşit şekilde kaplanana kadar bir kaşıkla hafifçe atın.
c) Servis yapmadan önce üzerini örtün ve en az 2 saat veya en fazla 2 gün buzdolabında bekletin.

56. Tristar çilek şerbeti

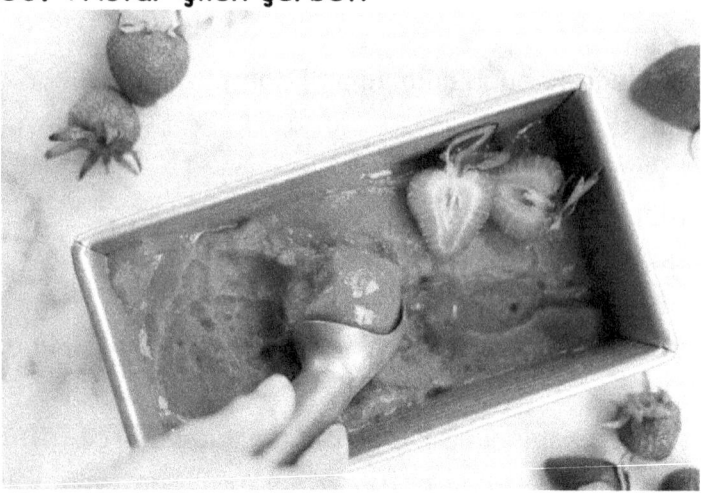

YAKLAŞIK 400 GR (1 PINT) YAPAR

İçindekiler

- 300 gr kabuğu çıkarılmış Tristar çileği [2 pint]
- 1 jelatin levha
- 50 gr glikoz [2 yemek kaşığı]
- 25 gr şeker [2 yemek kaşığı]
- 0,5 gr koşer tuzu [$\frac{1}{8}$ çay kaşığı]
- 0,5 g sitrik asit [$\frac{1}{8}$ çay kaşığı]

Talimatlar

a) Çilekleri blenderdan geçirin. Çekirdekleri süzmek için püreyi ince gözenekli bir elekten geçirerek bir kaseye süzün.
b) Jelatini çiçeklendirin.
c) Çilek püresinden biraz ısıtın ve çözünmesi için jelatini çırpın. Kalan çilek püresini, glikozu, şekeri, tuzu ve sitrik asidi her şey tamamen eriyene ve karışana kadar çırpın.
d) Karışımı dondurma makinenize dökün ve üreticinin talimatlarına göre dondurun. Şerbet en iyi servis yapmadan veya kullanmadan hemen önce döndürülür, ancak hava geçirmez bir kapta dondurucuda 2 haftaya kadar saklanır.

57. Chèvre donmuş yoğurt

YAKLAŞIK 400 GR (1 PINT) YAPAR

İçindekiler

- 2 jelatin yaprak
- 55 gr süt [¼ su bardağı]
- 60 gr taze chèvre [¼ fincan]
- 55 gr ayran [¼ su bardağı]
- 50 gr yoğurt [2 yemek kaşığı]
- 100 gr glikoz [¼ fincan]
- 50 gr şeker [¼ su bardağı]
- 2 gr koşer tuzu [½ çay kaşığı]
- 0,5 g sitrik asit [⅛ çay kaşığı]

Talimatlar

a) Jelatini çiçeklendirin.
b) Sütten biraz ısıtın ve çözünmesi için jelatini çırpın. Bir karıştırıcıya aktarın ve kalan sütü, chèvre'yi, ayranı, yoğurdu, glikozu, şekeri, tuzu ve sitrik asidi ekleyin. Pürüzsüz olana kadar püre yapın.
c) Tabanı ince gözenekli bir süzgeçten geçirerek dondurma makinenize dökün ve üreticinin talimatlarına göre dondurun. Dondurulmuş yoğurt en iyi servis yapmadan veya kullanmadan hemen önce döndürülür, ancak hava geçirmez bir kapta dondurucuda 2 haftaya kadar saklanır.

58. Concord üzüm şerbeti

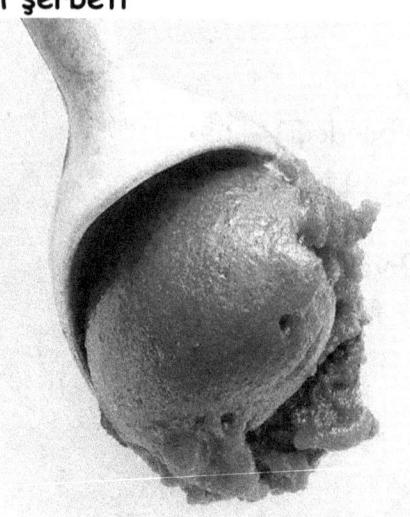

YAKLAŞIK 475 GR (1 PINT) YAPAR

İçindekiler
- 1 jelatin levha
- ½ porsiyon Concord Üzüm Suyu
- 200 gr glikoz [½ fincan]
- 2 gr sitrik asit [½ çay kaşığı]
- 1 gr koşer tuzu [¼ çay kaşığı]

Talimatlar
a) Jelatini çiçeklendirin.
b) Üzüm suyunu biraz ısıtın ve jelatini eritmek için çırpın. Kalan üzüm suyunu, glikozu, sitrik asidi ve tuzu her şey tamamen eriyene ve karışana kadar çırpın.
c) Karışımı dondurma makinenize dökün ve üreticinin talimatlarına göre dondurun. Şerbet en iyi servis yapmadan veya kullanmadan hemen önce döndürülür, ancak hava geçirmez bir kapta dondurucuda 2 haftaya kadar saklanır.

59. Tuzlu kraker dondurma

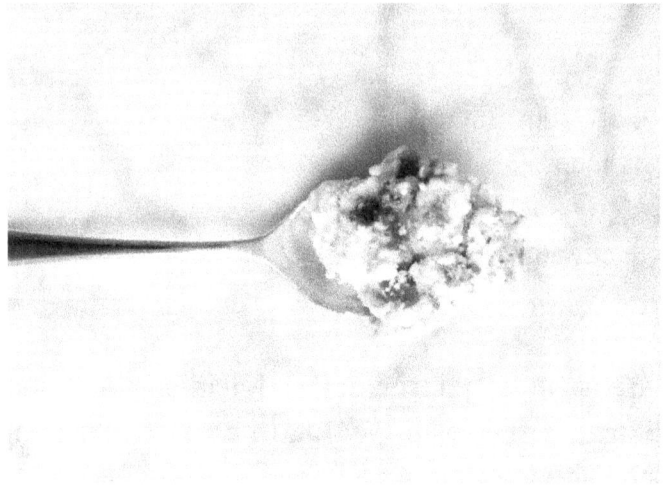

8'DEN 10'A HİZMET VERİR
İçindekiler
- 300 g mini simit [yaklaşık $\frac{3}{4}$ (16 ons) torba (6 bardak)]
- 440 gr süt [2 su bardağı]
- $1\frac{1}{2}$ jelatin levhalar
- 200 gr glikoz [$\frac{1}{2}$ fincan]
- 30 gr açık kahverengi şeker [sıkıca paketlenmiş 2 yemek kaşığı]
- 45 gr krem peynir [$1\frac{1}{2}$ ons]
- 2 gr koşer tuzu [$\frac{1}{2}$ çay kaşığı]
- 0,75 gr kabartma tozu [$\frac{1}{8}$ çay kaşığı]

Talimatlar
a) Fırını 300 ° F'ye ısıtın.
b) Simitleri bir tepsiye yayın ve simitlerin rengi biraz koyulaşana kadar 15 dakika kızartın. Tamamen soğutun.
c) Pretzelleri geniş bir kaba alıp üzerine sütü dökün ve 2 dakika karıştırarak pişirin.
d) Süt karışımını ince gözenekli bir elekle süzün ve sırılsıklam simit parçalarını atın.
e) Jelatini çiçeklendirin.
f) Tuzlu kraker sütünden biraz ısıtın ve çözünmesi için jelatini çırpın. Kalan çubuk kraker sütü, glikoz, esmer şeker, krem peynir, tuz ve kabartma tozu ekleyin ve tüm malzemeler tamamen eriyene ve karışana kadar çırpın.
g) Karışımı dondurma makinenize dökün ve üreticinin talimatlarına göre dondurun. Dondurma en iyi servis yapmadan veya kullanmadan hemen önce döndürülür, ancak hava geçirmez bir kapta dondurucuda 2 haftaya kadar saklanır.

60. Fıstıklı katlı pasta

5 İLA 6 İNÇ BOYUNDA 1 (6 İNÇ) KATMANLI KEK YAPILIR; 6'DAN 8'E HİZMET VERİR

İçindekiler
- 1 porsiyon Fıstıklı Kek
- 65 gr fıstık yağı [⅓su bardağı]
- 1 porsiyon limonlu lor
- ½ porsiyon Süt Kırıntısı
- 1 porsiyon Fıstıklı Buzlanma

Talimatlar

a) Tezgaha bir parça parşömen veya Silpat koyun. Üzerine keki ters çevirin ve kekin altındaki parşömeni veya silpatı soyun. Pastadan 2 daire çıkarmak için pasta halkasını kullanın. Bunlar en iyi 2 kek katmanınız. Kalan kek "hurdası" bir araya gelerek pastanın alt katmanını oluşturacaktır.

Katman 1, Alt

b) Kek halkasını temizleyin ve temiz parşömen veya Silpat ile kaplanmış bir tepsinin ortasına yerleştirin. Kek halkasının içini hizalamak için 1 şerit asetat kullanın.

c) Kek artıklarını halkanın içine koyun ve artıkları düz ve eşit bir tabaka halinde bastırmak için elinizin arkasını kullanın.

d) Bir pasta fırçasını fıstık yağına batırın ve kek tabakasına yağın yarısıyla güzel ve sağlıklı bir banyo yapın.

e) Kaşığın arkasını kullanarak limonlu kremanın yarısını kekin üzerine eşit bir tabaka halinde yayın.

f) Süt kırıntılarının üçte birini limonlu lor üzerine eşit şekilde serpin. Yerlerine sabitlemek için elinizin arkasını kullanın.

g) Fıstıklı kremanın üçte birini kırıntıların üzerine mümkün olduğunca eşit bir şekilde yaymak için bir kaşığın arkasını kullanın.

Katman 2, Orta

h) İşaret parmağınızla, ikinci asetat şeridini yavaşça kek halkası ile ilk asetat şeridinin üst $\frac{1}{4}$ inç arasına sokun, böylece 5 ila 6 inç yüksekliğinde şeffaf bir asetat halkası elde edersiniz; bitmiş pasta Buzlanmanın üzerine bir pasta yuvarlak yerleştirin ve işlemi 1. kat için tekrarlayın.

Katman 3, Üst

i) Kalan keki yuvarlak şekilde muhallebinin içine yerleştirin. Pastanın üstünü kalan krema ile kaplayın. Hacim ve kıvrımlar verin ya da bizim yaptığımız gibi yapın ve tamamen düz bir üst seçin. Kalan süt kırıntıları ile kremayı süsleyin.

j) Tepsiyi dondurucuya aktarın ve pastayı ve dolguyu ayarlamak için en az 12 saat dondurun. Kek 2 haftaya kadar dondurucuda kalacaktır.

k) Pastayı servis etmeye hazır olmadan en az 3 saat önce, tepsiyi dondurucudan çıkarın ve parmaklarınızı ve başparmaklarınızı kullanarak pastayı pasta halkasından çıkarın. Asetatı nazikçe soyun ve pastayı bir tabağa veya pasta standına aktarın. En az 3 saat buzdolabında dinlendirelim.

61. fıstıklı kek

1 ÇEYREK YAPRAK TAVA KEK YAPILIR

İçindekiler

- 190 gr fıstık ezmesi [¼ su bardağı]
- 75 gr glikoz [3 yemek kaşığı]
- 6 yumurta akı
- 280 gr şekerleme şekeri [1¾ su bardağı]
- 110 gr beyazlatılmış badem unu [1¼ su bardağı]
- 75 gr fıstık yağı [½ su bardağı]
- 55 gr krema [¼ su bardağı]
- 160 gr un [1 su bardağı]
- 6 gr kabartma tozu [1½ çay kaşığı]
- 6 gr koşer tuzu [1½ çay kaşığı]

Talimatlar

a) Fırını 350 ° F'ye ısıtın.
b) Antep fıstığı ezmesini ve glikozu kürek eki takılı bir stand mikserin kasesinde birleştirin ve karışım yapışkan yeşil bir macun haline gelene kadar 2 ila 3 dakika orta-düşük hızda çırpın. Bir spatula ile kasenin kenarlarını kazıyın.
c) Düşük hızda, yumurta aklarını birer birer ekleyin, bir sonraki yumurta akını bir önceki tamamen karışana kadar eklememeye dikkat edin. Karıştırıcıyı durdurun ve her 2-3 yumurta beyazından sonra kasenin kenarlarını bir spatula ile kazıyın. Yumurta aklarının tamamı eklendiğinde, karıştırma kabınızda sümüksü yeşil bir çorbanız olacak. Kesinlikle doğru.
d) Pudra şekeri ve badem ununu ekleyin ve düşük hızda karışım koyulaşana kadar 2-3 dakika çırpın. Karıştırıcıyı durdurun ve kasenin kenarlarını kazıyın.
e) Antep fıstığı yağı ve yoğun kremayı dökün ve 1 dakika boyunca düşük hızda çırpın. Karıştırıcıyı durdurun ve kasenin kenarlarını kazıyın.

f) Unu, kabartma tozunu ve tuzu ekleyin ve hamur süper pürüzsüz ve ortalama Amerikan kutu kek hamurunuzdan biraz daha viskoz olana kadar 2 ila 3 dakika düşük hızda kürek çekin.
g) Çeyrek yapraklı bir tavaya Pam püskürtün ve parşömenle hizalayın veya tavayı bir Silpat ile hizalayın. Bir spatula kullanarak, kek hamurunu tavada eşit bir tabaka halinde yayın. 20 ila 22 dakika pişirin. Kek yükselecek ve şişerek iki katına çıkacaktır.
h) 20 dakikada, parmağınızla pastanın kenarını hafifçe dürtün: pasta geri sekmeli ve yanlarda hafif altın kahverengi olmalı ve tavanın kenarlarından çok az çekilmelidir. Bu testleri geçemezse keki 1-2 dakika daha fırında bırakın.
i) Keki fırından çıkarıp tel ızgara üzerinde soğutun.

62. fıstık ezmesi

YAKLAŞIK 350 GR (1¾ BARDAK) YAPILIR
İçindekiler
- 115 gr oda sıcaklığında tereyağı [8 yemek kaşığı (1 çubuk)]
- 40 gr şekerleme şekeri [¼ su bardağı]
- 230 gr fıstık ezmesi [¾ su bardağı]
- 2 gr koşer tuzu [½ çay kaşığı]

Talimatlar

a) Tereyağı ve şekerlemelerin şekerini, kürek aparatına sahip bir stand mikserin kasesinde ve kremayı orta-yüksekte 2 ila 3 dakika, kabarık ve soluk sarı olana kadar birleştirin.

b) Antep fıstığı ezmesini ve tuzu ekleyip düşük devirde yarım dakika karıştırdıktan sonra orta-yüksek devirde 2 dakika çırpın. Bir spatula ile kasenin kenarlarını kazıyın. Karışım aynı soluk yeşil renkte değilse, yüksek hızda bir dakika daha verin ve tekrar kazıyın.

c) Buzlanmayı hemen kullanın veya 1 haftaya kadar buzdolabında hava geçirmez bir kapta saklayın.

63. Damla çikolatalı kek tabakası

5 İLA 6 İNÇ BOYUNDA 1 (6 İNÇ) KATMANLI KEK YAPILIR;
6'DAN 8'E HİZMET VERİR

İçindekiler

- 1 porsiyon çikolatalı kek
- 60 gr çarkıfelek meyvesi püresi [⅓fincan]
- 1 porsiyon Passion Fruit Lor
- ½ porsiyon çikolata kırıntısı
- 1 porsiyon Kahve Sırları
- 40 gr mini çikolata parçaları [¼ fincan]

Talimatlar

a) Tezgaha bir parça parşömen veya Silpat koyun. Üzerine keki ters çevirin ve kekin altındaki parşömeni veya silpatı soyun. Pastadan 2 daire çıkarmak için pasta halkasını kullanın. Bunlar en iyi 2 kek katmanınız. Kalan kek "hurdası" bir araya gelerek pastanın alt katmanını oluşturacaktır.

Katman 1, Alt

b) Kek halkasını temizleyin ve temiz parşömen veya Silpat ile kaplanmış bir tepsinin ortasına yerleştirin. Kek halkasının içini hizalamak için 1 şerit asetat kullanın.

c) Kek artıklarını halkanın içine koyun ve artıkları düz ve eşit bir tabaka halinde bastırmak için elinizin arkasını kullanın.

d) Bir pasta fırçasını çarkıfelek meyvesi püresine batırın ve kek tabakasına pürenin yarısıyla güzel, sağlıklı bir banyo yapın.

e) Çarkıfelek meyveli lor peynirinin yarısını kekin üzerine eşit bir tabaka halinde yaymak için bir kaşığın arkasını kullanın.

f) Çikolata kırıntılarının yarısını çarkıfelek meyveli lorun üzerine eşit şekilde serpin. Yerlerine sabitlemek için elinizin arkasını kullanın.

g) Kahve kremasının üçte birini çikolata kırıntılarının üzerine mümkün olduğunca eşit bir şekilde yaymak için bir kaşığın arkasını kullanın.

Katman 2, Orta

h) İşaret parmağınızla, ikinci asetat şeridini yavaşça kek halkası ile ilk asetat şeridinin üst $\frac{1}{4}$ inç arasına sokun, böylece 5 ila 6 inç yüksekliğinde şeffaf bir asetat halkası elde edersiniz; bitmiş pasta Buzlanmanın üzerine bir pasta yuvarlak yerleştirin ve işlemi 1. kat için tekrarlayın.

Katman 3, Üst

i) Kalan keki yuvarlak şekilde muhallebinin içine yerleştirin. Pastanın üstünü kalan krema ile kaplayın. Hacim ve kıvrımlar verin ya da bizim yaptığımız gibi yapın ve tamamen düz bir üst seçin. Üzerini mini çikolata parçaları ile süsleyin.

j) Tepsiyi dondurucuya aktarın ve pastayı ve dolguyu ayarlamak için en az 12 saat dondurun. Kek 2 haftaya kadar dondurucuda kalacaktır.

k) Pastayı servis etmeye hazır olmadan en az 3 saat önce, tepsiyi dondurucudan çıkarın ve parmaklarınızı ve başparmaklarınızı kullanarak pastayı pasta halkasından çıkarın. Asetatı nazikçe soyun ve pastayı bir tabağa veya pasta standına aktarın. En az 3 saat buzdolabında dinlendirelim.

l) Pastayı takozlara dilimleyin ve servis yapın.

64. çikolatalı kek

1 ÇEYREK YAPRAK TAVA KEK YAPILIR

İçindekiler
- 115 gr oda sıcaklığında tereyağı [8 yemek kaşığı (1 çubuk)]
- 250 gr toz şeker [1¼ su bardağı]
- 60 gr açık kahverengi şeker [¼ fincan sıkıca paketlenmiş]
- 3 yumurta
- 110 gr ayran [½ su bardağı]
- 75 gr üzüm çekirdeği yağı [½ su bardağı]
- 12 gr vanilya özü [1 yemek kaşığı]
- 185 gr kek unu [1½ su bardağı]
- 4 gr kabartma tozu [1 çay kaşığı]
- 4 gr koşer tuzu [1 çay kaşığı]
- Pam veya diğer yapışmaz pişirme spreyi (isteğe bağlı)
- 150 gr mini çikolata parçaları [¾ fincan]

Talimatlar

a) Fırını 350 ° F'ye ısıtın.

b) Tereyağı ve şekerleri, kürek ataşmanı ve krema ile donatılmış bir stand mikserin kasesinde orta-yüksek sıcaklıkta 2 ila 3 dakika birleştirin. Kâsenin kenarlarını kazıyın, yumurtaları ekleyin ve tekrar 2-3 dakika orta-yüksek hızda karıştırın. Kasenin kenarlarını bir kez daha kazıyın.

c) Düşük hızda ayran, yağ ve vanilyayı ekleyin. Karıştırıcı hızını orta-yüksek seviyeye yükseltin ve karışım neredeyse beyaz olana, orijinal kabarık tereyağı ve şeker karışımınızın iki katı büyüklüğünde ve tamamen homojen olana kadar 4 ila 6 dakika boyunca kürek çekin. Süreci acele etmeyin. Temel olarak, sıvıya yer açmak istemeyen zaten yağlı bir karışıma çok fazla sıvı zorluyorsunuz. Karıştırıcıyı durdurun ve kasenin kenarlarını kazıyın.

d) Çok düşük hızda kek unu, kabartma tozu ve tuzu ekleyin. Hamurunuz bir araya gelene ve herhangi bir kuru bileşen kalıntısı eklenene kadar 45 ila 60 saniye karıştırın. Kasenin kenarlarını kazıyın. Eğer sıyırırken içinde kek unu topakları görürseniz 45 saniye daha karıştırın.

e) Çeyrek yapraklı bir tavaya Pam püskürtün ve parşömenle hizalayın veya tavayı bir Silpat ile hizalayın. Bir spatula kullanarak, kek hamurunu tavada eşit bir tabaka halinde yayın. Katmanı eşitlemek için levha tavanızın alt kısmına tezgahın üzerine hafifçe vurun. Çikolata parçacıklarını kek hamurunun üzerine eşit şekilde serpin.

f) Pastayı 30 ila 35 dakika pişirin. Kek kabaracak ve iki katına çıkacak, ancak biraz tereyağlı ve yoğun kalacaktır. 30. dakikada parmağınızla pastanın kenarını hafifçe dürtün: pasta hafifçe geri sekmeli ve ortası artık sallanmamalıdır. Bu testleri geçemezse keki 3-5 dakika daha fırında bırakın.

g) Pastayı fırından çıkarın ve bir tel ızgara üzerinde veya bir tutamda buzdolabında veya derin dondurucuda soğutun (endişelenmeyin, hile yapmıyor). Soğutulmuş kek, buzdolabında plastik sargıya sarılarak 5 güne kadar saklanabilir.

65. Kahve kreması

YAKLAŞIK 200 GR (1 BARDAK) YAPILIR

İçindekiler
- 115 gr oda sıcaklığında tereyağı [8 yemek kaşığı (1 çubuk)]
- 40 gr şekerleme şekeri [¼ su bardağı]
- 55 gr süt [¼ su bardağı]
- 1,5 gr hazır kahve tozu [¾ çay kaşığı]
- 1 gr koşer tuzu [¼ çay kaşığı]

Talimatlar

a) Tereyağı ve şekerlemelerin şekerini, kürek aparatına sahip bir stand mikserin kasesinde ve kremayı orta-yüksekte 2 ila 3 dakika, kabarık ve soluk sarı olana kadar birleştirin.

b) Bu arada, hızlı bir kahve sütü yapın: küçük bir kapta süt, hazır kahve ve tuzu birlikte çırpın.

c) Bir spatula ile kasenin kenarlarını kazıyın. Düşük hızda, yavaş yavaş kahve sütünü akıtın. Esasen sıvıyı yağa zorluyorsunuz, bu yüzden sabırlı olun. Tereyağı karışımı, kahve sütü ile temas ettiğinde topaklanacak ve ayrılacaktır. Bir önceki ekleme tamamen eklenene kadar tereyağ karışımına daha fazla kahve sütü akıtmayın; mikseri açık tutun ve sabırlı olun. Sonuç, çılgınca kabarık bir kahve kreması, soluk kahverengi ve süper parlak olacaktır. Hemen kullanın.

66. Doğum günü katmanlı pasta

5 İLA 6 İNÇ BOYUNDA 1 (6 İNÇ) KATMANLI KEK YAPILIR; 6'DAN 8'E HİZMET VERİR

İçindekiler
- 1 porsiyon Doğum Günü Pastası
- 1 porsiyon Doğum Günü Pastası Islatma
- 1 porsiyon Doğum Günü Pastası Sırları
- 1 porsiyon Doğum Günü Pastası Kırıntısı

Talimatlar
a) Tezgaha bir parça parşömen veya Silpat koyun. Üzerine keki ters çevirin ve kekin altındaki parşömeni veya silpatı soyun. Pastadan 2 daire çıkarmak için pasta halkasını kullanın. Bunlar en iyi 2 kek katmanınız. Kalan kek "hurdası" bir araya gelerek pastanın alt katmanını oluşturacaktır.

Katman 1, Alt
b) Kek halkasını temizleyin ve temiz parşömen veya Silpat ile kaplanmış bir tepsinin ortasına yerleştirin. Kek halkasının içini hizalamak için 1 şerit asetat kullanın.

c) Pasta artıklarını halkaya koyun ve artıkları düz ve eşit bir tabaka halinde bastırmak için elinizin arkasını kullanın.

d) Bir pasta fırçasını doğum günü pastasının içine batırın ve kek tabakasını ıslatmanın yarısı ile iyi, sağlıklı bir banyo yapın.

e) Buzlanmanın beşte birini kekin üzerine eşit bir tabaka halinde yaymak için bir kaşığın arkasını kullanın.

f) Doğum günü kırıntılarının üçte birini buzlanmanın üstüne eşit şekilde serpin. Yerlerine sabitlemek için elinizin arkasını kullanın.

g) Buzlanmanın ikinci beşte birini kırıntıların üzerine mümkün olduğunca eşit bir şekilde yaymak için bir kaşığın arkasını kullanın.

Katman 2, Orta

h) İşaret parmağınızla, ikinci asetat şeridini yavaşça kek halkası ile ilk asetat şeridinin üst $\frac{1}{4}$ inç arasına sokun, böylece 5 ila 6 inç yüksekliğinde şeffaf bir asetat halkası elde edersiniz; bitmiş pasta Buzlanmanın üzerine bir pasta yuvarlak yerleştirin ve işlemi 1. kat için tekrarlayın.

Katman 3, Üst

i) Kalan keki yuvarlak şekilde muhallebinin içine yerleştirin. Pastanın üstünü kremanın son beşte biri ile kaplayın. Hacim ve kıvrımlar verin ya da bizim yaptığımız gibi yapın ve tamamen düz bir üst seçin. Buzlanmayı kalan doğum günü kırıntılarıyla süsleyin.

j) Tepsiyi dondurucuya aktarın ve pastayı ve dolguyu ayarlamak için en az 12 saat dondurun. Kek 2 haftaya kadar dondurucuda kalacaktır.

k) Pastayı servis etmeye hazır olmadan en az 3 saat önce, tepsiyi dondurucudan çıkarın ve parmaklarınızı ve başparmaklarınızı kullanarak pastayı pasta halkasından çıkarın.

l) Asetatı nazikçe soyun ve pastayı bir tabağa veya pasta standına aktarın. En az 3 saat buzdolabında dinlendirelim.

m) Pastayı takozlara dilimleyin ve servis yapın.

67. Doğumgünü pastası

1 ÇEYREK YAPRAK TAVA KEK YAPILIR

İçindekiler

- 55 gr oda sıcaklığında tereyağı [4 yemek kaşığı (½ çubuk)]
- 60 gr sebze katı yağı [⅓ fincan]
- 250 gr toz şeker [1¼ su bardağı]
- 50 gr açık kahverengi şeker [sıkıca paketlenmiş 3 yemek kaşığı]
- 3 yumurta
- 110 gr ayran [½ su bardağı]
- 65 gr üzüm çekirdeği yağı [⅓ su bardağı]
- 8 gr berrak vanilya özü [2 çay kaşığı]
- 245 gr kek unu [2 su bardağı]
- 6 gr kabartma tozu [1½ çay kaşığı]
- 3 gr koşer tuzu [¾ çay kaşığı]
- 50 gr gökkuşağı sprinkles [¼ fincan]
- Pam veya diğer yapışmaz pişirme spreyi (isteğe bağlı)
- 25 gr gökkuşağı sprinkles [2 yemek kaşığı]

Talimatlar

a) Fırını 350 ° F'ye ısıtın.

b) Tereyağı, katı yağ ve şekerleri, kürek eki ve krema ile donatılmış bir stand mikserin kasesinde orta-yüksek sıcaklıkta 2 ila 3 dakika birleştirin. Kasenin kenarlarını kazıyın, yumurtaları ekleyin ve orta-yüksek seviyede 2 ila 3 dakika karıştırın. Kasenin kenarlarını bir kez daha kazıyın.

c) Düşük hızda ayran, yağ ve vanilyayı ekleyin. Karıştırıcı hızını orta-yüksek seviyeye yükseltin ve karışım neredeyse beyaz olana, orijinal kabarık tereyağı ve şeker karışımınızın iki katı büyüklüğünde ve tamamen homojen olana kadar 4 ila 6 dakika boyunca kürek çekin.

d) Çok düşük hızda kek unu, kabartma tozu, tuz ve 50 g ($\frac{1}{4}$ fincan) gökkuşağı şekerlemelerini ekleyin. Hamurunuz bir araya gelene kadar 45 ila 60 saniye karıştırın. Kasenin kenarlarını kazıyın.

e) Çeyrek yapraklı bir tavaya Pam püskürtün ve parşömenle hizalayın veya tavayı bir Silpat ile hizalayın. Bir spatula kullanarak, kek hamurunu tavada eşit bir tabaka halinde yayın. Kalan 25 gr (2 yemek kaşığı) gökkuşağı şekerlemesini hamurun üzerine eşit şekilde serpin.

f) Pastayı 30 ila 35 dakika pişirin. Kek kabaracak ve iki katına çıkacak, ancak biraz tereyağlı ve yoğun kalacaktır. Bu testleri geçemezse keki 3-5 dakika daha fırında bırakın.

g) Keki fırından çıkarıp tel ızgara üzerinde soğutun.

68. Doğum günü pastası kreması

YAKLAŞIK 430 GR (2 BARDAK) YAPILIR

İçindekiler

- 115 gr oda sıcaklığında tereyağı [8 yemek kaşığı (1 çubuk)]
- 50 gr sebze katı yağı [¼ fincan]
- 55 gr krem peynir [2 ons]
- 25 gr glikoz [1 yemek kaşığı]
- 18 gr mısır şurubu [1 yemek kaşığı]
- 12 gr berrak vanilya özü [1 yemek kaşığı]
- 200 gr şekerleme şekeri [1¼ su bardağı]
- 2 gr koşer tuzu [½ çay kaşığı]
- 0,25 gr kabartma tozu [çimdik]
- 0,25 g sitrik asit [tutam]

Talimatlar

a) Tereyağı, katı yağ ve krem peyniri, kürek eki ve krema ile donatılmış bir stand mikserin kasesinde, karışım pürüzsüz ve kabarık olana kadar 2 ila 3 dakika orta-yüksek sıcaklıkta birleştirin. Kasenin kenarlarını kazıyın.

b) Karıştırıcı en düşük hızdayken, glikoz, mısır şurubu ve vanilyayı akıtın. Karıştırıcıyı orta-yüksek seviyeye getirin ve karışım ipeksi pürüzsüz ve parlak beyaz olana kadar 2 ila 3 dakika çırpın. Kasenin kenarlarını kazıyın.

c) Şekerlemelerin şekerini, tuzunu, kabartma tozunu ve sitrik asidi ekleyin ve sadece hamura dahil etmek için düşük hızda karıştırın.

d) Hızı tekrar orta-yüksek seviyeye çıkarın ve parlak, bembeyaz, güzel ve pürüzsüz bir buzlanma elde edene kadar 2 ila 3 dakika çırpın.

e) Marketteki plastik bir küvetten çıkmış gibi görünmelidir! Buzlanmayı hemen kullanın veya 1 haftaya kadar buzdolabında hava geçirmez bir kapta saklayın.

69. havuçlu kek

5 İLA 6 İNÇ BOYUNDA 1 (6 İNÇ) KATMANLI KEK YAPILIR; 6'DAN 8'E HİZMET VERİR

İçindekiler
- 1 porsiyon Havuçlu Kek
- 55 gr süt [$\frac{1}{4}$ su bardağı]
- 1 porsiyon Sıvı Cheesecake
- $\frac{1}{2}$ porsiyon Süt Kırıntısı
- 1 porsiyon Graham Frosting

Talimatlar

a) Tezgaha bir parça parşömen veya Silpat koyun. Üzerine keki ters çevirin ve kekin altındaki parşömeni veya silpatı soyun. Pastadan 2 daire çıkarmak için pasta halkasını kullanın.

Katman 1, Alt

b) Kek halkasını temizleyin ve temiz parşömen veya Silpat ile kaplanmış bir tepsinin ortasına yerleştirin. Kek halkasının içini hizalamak için 1 şerit asetat kullanın.

c) Kek artıklarını halkanın içine koyun ve artıkları düz ve eşit bir tabaka halinde bastırmak için elinizin arkasını kullanın.

d) Bir pasta fırçasını sütün içine batırın ve kek tabakasını sütün yarısıyla güzel, sağlıklı bir banyo yapın.

e) Sıvı cheesecake'in yarısını pastanın üzerine eşit bir tabaka halinde yaymak için bir kaşığın arkasını kullanın.

f) Süt kırıntılarının üçte birini cheesecake üzerine eşit şekilde serpin. Yerlerine sabitlemek için elinizin arkasını kullanın.

g) Graham kremasının üçte birini kırıntıların üzerine mümkün olduğunca eşit bir şekilde yaymak için bir kaşığın arkasını kullanın.

Katman 2, Orta

h) İşaret parmağınızla, ikinci asetat şeridini yavaşça kek halkası ile ilk asetat şeridinin üst $\frac{1}{4}$ inç arasına sokun, böylece 5 ila 6 inç yüksekliğinde şeffaf bir asetat halkası elde edersiniz;

bitmiş pasta Buzlanmanın üzerine bir pasta yuvarlak yerleştirin ve işlemi 1. kat için tekrarlayın.

Katman 3, Üst

i) Kalan keki yuvarlak şekilde muhallebinin içine yerleştirin. Pastanın üstünü kalan krema ile kaplayın. Hacim ve kıvrımlar verin ya da bizim yaptığımız gibi yapın ve tamamen düz bir üst seçin. Kalan süt kırıntıları ile kremayı süsleyin.

j) Tepsiyi dondurucuya aktarın ve pastayı ve dolguyu ayarlamak için en az 12 saat dondurun.

k) Pastayı servis etmeye hazır olmadan en az 3 saat önce, tepsiyi dondurucudan çıkarın ve parmaklarınızı ve başparmaklarınızı kullanarak pastayı pasta halkasından çıkarın.

l) Asetatı nazikçe soyun ve pastayı bir tabağa veya pasta standına aktarın. En az 3 saat buzdolabında dinlendirelim.

70. Havuçlu kek

1 ÇEYREK YAPRAK TAVA KEK YAPILIR

İçindekiler

- 115 gr oda sıcaklığında tereyağı [8 yemek kaşığı (1 çubuk)]
- 120 gr açık kahverengi şeker [$\frac{1}{2}$ su bardağı sıkıca paketlenmiş]
- 100 gr toz şeker [$\frac{1}{2}$ su bardağı]
- 2 yumurta
- 40 gr üzüm çekirdeği yağı [$\frac{1}{4}$ su bardağı]
- 200 gr un [$1\frac{1}{4}$ su bardağı]
- 4 gr kabartma tozu [1 çay kaşığı]
- 1,5 gr kabartma tozu [$\frac{1}{4}$ çay kaşığı]
- 1,5 gr öğütülmüş tarçın [$\frac{3}{4}$ çay kaşığı]
- 5 gr koşer tuzu [$1\frac{1}{4}$ çay kaşığı]
- 225 gr rendelenmiş soyulmuş havuç (2 ila 3 orta boy havuç) [$2\frac{1}{2}$ bardak]
- Pam veya diğer yapışmaz pişirme spreyi (isteğe bağlı)

Talimatlar

a) Fırını 350 ° F'ye ısıtın.

b) Tereyağı ve şekerleri, kürek ataşmanı ve krema ile donatılmış bir stand mikserin kasesinde orta-yüksek sıcaklıkta 2 ila 3 dakika birleştirin. Kasenin kenarlarını kazıyın, yumurtaları ekleyin ve orta-yüksek seviyede 2 ila 3 dakika karıştırın. Kasenin kenarlarını bir kez daha kazıyın.

c) Düşük hızda, yağı akıtın. Karıştırıcı hızını orta-yüksek seviyeye yükseltin ve karışım pratik olarak beyaz olana, orijinal kabarık tereyağı ve şeker karışımınızın iki katı büyüklüğünde ve yağ çizgileri olmadan tamamen homojen olana kadar 4 ila 6 dakika boyunca kürek çekin. Süreci acele etmeyin. Karıştırıcıyı durdurun ve kasenin kenarlarını kazıyın.

d) Unu, kabartma tozunu, karbonatı, tarçını ve tuzu çok düşük hızda ekleyin. Hamurunuz bir araya gelene ve herhangi bir kuru bileşen kalıntısı eklenene kadar 45 ila 60 saniye karıştırın. Kasenin kenarlarını kazıyın.

e) Raketi ayırın ve kaseyi mikserden çıkarın. Rendelenmiş havuçları kaseye boşaltın ve bir spatula ile hamurun içine katlayın.

f) Çeyrek yapraklı bir tavaya Pam püskürtün ve parşömenle hizalayın veya tavayı bir Silpat ile hizalayın. Bir spatula kullanarak, kek hamurunu tavada eşit bir tabaka halinde yayın.

g) Pastayı 25 ila 30 dakika pişirin. Kek kabaracak ve iki katına çıkacak, ancak biraz tereyağlı ve yoğun kalacaktır. 25. dakikada parmağınızla pastanın kenarını hafifçe dürtün: pasta hafifçe geri sekmeli ve ortası artık sallanmamalıdır. Bu testleri geçemezse keki 3-5 dakika daha fırında bırakın.

h) Pastayı fırından çıkarın ve bir tel ızgara üzerinde veya bir tutamda buzdolabında veya derin dondurucuda soğutun (endişelenmeyin, hile yapmıyor). Soğutulmuş kek, buzdolabında plastik sargıya sarılarak 5 güne kadar saklanabilir.

71. Graham kreması

YAKLAŞIK 230 GR (1 BARDAK) YAPILIR

İçindekiler

- ½ porsiyon Graham Crust
- 85 gr süt [⅓ su bardağı]
- 2 gr koşer tuzu [½ çay kaşığı]
- 85 gr oda sıcaklığında tereyağ [6 yemek kaşığı]
- 15 gr açık kahverengi şeker [sıkıca paketlenmiş 1 yemek kaşığı]
- 10 gr şekerleme şekeri [1 yemek kaşığı]
- 0,5 gr öğütülmüş tarçın [½ çay kaşığı]
- 0,5 gr koşer tuzu [⅛ çay kaşığı]

Talimatlar

a) Graham kabuğunu, sütü ve tuzu bir karıştırıcıda birleştirin, hızı orta-yüksek seviyeye getirin ve pürüzsüz ve homojen olana kadar püre haline getirin. 1 ila 3 dakika sürecektir (blenderinizin harikalığına bağlı olarak). Karışım blender bıçağınıza yapışmazsa, blenderi kapatın, küçük bir çay kaşığı alın ve bıçağın altını kazımayı unutmadan kabın kenarlarını kazıyın ve ardından tekrar deneyin.

b) Tereyağı, şekerler, tarçın ve tuzu kürek aparatına sahip bir stand mikserin kasesinde ve kremayı orta-yüksek sıcaklıkta 2 ila 3 dakika kabarık ve benekli sarı olana kadar birleştirin. Bir spatula ile kasenin kenarlarını kazıyın.

c) Düşük hızda, blenderin içindekileri kürekle karıştırın. 1 dakika sonra, hızı orta-yüksek seviyeye çıkarın ve 2 dakika daha yırtmasına izin verin. Bir spatula ile kasenin kenarlarını kazıyın. Karışım homojen bir soluk ten rengi değilse, kaseye bir kez daha kazıyın ve buzlanmayı bir dakika daha yüksek hızda kürek çekin.

d) Buzlanmayı hemen kullanın veya 1 haftaya kadar buzdolabında hava geçirmez bir kapta saklayın.

72. Havuçlu kek yer mantarı

ON İKİ İLA ON BEŞ 30 G (1 ONS) TOPLAR YAPAR
İçindekiler
- 300 gr Havuçlu Kek artıkları [3 su bardağı]
- 25 ila 50 g Sıvı Cheesecake [2 ila 4 yemek kaşığı]
- ½ porsiyon Süt Kırıntısı, bir mutfak robotunda ince öğütülmüş
- 90 gr beyaz çikolata, eritilmiş [3 ons]

Talimatlar
a) Havuçlu kek artıklarını ve 25 g (2 yemek kaşığı) sıvı cheesecake'i, bir top haline gelecek kadar ıslanana kadar kürek eki ve kürek ile donatılmış bir stand mikserin kasesinde birleştirin. Yeterince nemli değilse 25 g (2 yemek kaşığı) kadar daha sıvı cheesecake ekleyin ve yoğurun.

b) Bir çorba kaşığı kullanarak, her biri pinpon topunun yarısı büyüklüğünde olan 12 eşit topu pay edin. Şekil vermek ve yuvarlak bir küre haline getirmek için her birini avucunuzun içinde yuvarlayın.

c) Öğütülmüş süt kırıntılarını orta boy bir kaseye koyun. Lateks eldivenlerle avucunuzun içine 2 yemek kaşığı beyaz çikolata koyun ve her bir topu avucunuzun arasında yuvarlayarak ince bir erimiş çikolata tabakasıyla kaplayın; gerektiği kadar çikolata ekleyin.

d) Süt kırıntıları kasesine bir seferde 3 veya 4 çikolata kaplı top koyun. Çikolata kabuğu sertleşmeden ve artık bir yapıştırıcı görevi görmeden hemen önce onları kaplayacak kırıntılarla birlikte atın (bu olursa, topu başka bir ince erimiş çikolata tabakasıyla kaplayın).

e) Yemeden veya saklamadan önce çikolata kabuklarını tamamen ayarlamak için en az 5 dakika buzdolabında bekletin. Hava geçirmez bir kapta yer mantarları buzdolabında 1 haftaya kadar saklanır.

73. Nane cheesecake dolgusu

1 GRASSHOPPER PIE İÇİN YETERLİ OLUR

İçindekiler
- 60 gr beyaz çikolata [2 ons]
- 20 gr üzüm çekirdeği yağı [2 yemek kaşığı]
- 75 gr krem peynir [2½ ons]
- 20 gr şekerleme şekeri [2 yemek kaşığı]
- 2 gr nane özü [½ çay kaşığı]
- 1 gr koşer tuzu [¼ çay kaşığı]
- 2 damla yeşil gıda boyası

Talimatlar

a) Beyaz çikolatayı ve yağı birleştirin ve karışımı 30 ila 50 saniye düşük sıcaklıkta eritin.

b) Krem peynir ve şekerleme şekerini kürek ataşmanı takılı bir stand mikserin kasesinde birleştirin ve karıştırmak için orta-düşük hızda 2 ila 3 dakika karıştırın.

c) Düşük hızda, beyaz çikolata karışımını yavaşça akıtın. 1-2 dakika tamamen krem peynirle karışana kadar karıştırın. Kasenin kenarlarını kazıyın.

d) Nane özü, tuz ve gıda boyasını ekleyin ve karışımı 1 ila 2 dakika veya pürüzsüz ve cüce cin yeşili olana kadar kürek çekin.

74. nane sir

1 GRASSHOPPER PIE İÇİN YETERLİ OLUR

İçindekiler
- 30 gr beyaz çikolata [1 ons]
- 6 gr üzüm çekirdeği yağı [2 çay kaşığı]
- 0,5 gr nane özü [yetersiz $\frac{1}{8}$ çay kaşığı]
- 1 damla yeşil gıda boyası

Talimatlar

a) Beyaz çikolatayı ve yağı mikrodalgaya uygun bir tabakta birleştirin ve çikolatayı 20 ila 30 saniye düşük sıcaklıkta eritin. Yağı ve çikolatayı ısıya dayanıklı bir spatula kullanarak, karışım parlak ve pürüzsüz olana kadar karıştırarak karıştırın.

b) Nane özü ve gıda boyasını karıştırın.

75. Çikolatalı malt katmanlı kek

5 İLA 6 İNÇ BOYUNDA 1 (6 İNÇ) KATMANLI KEK YAPILIR; 6'DAN 8'E HİZMET VERİR

İçindekiler
- 1 porsiyon Çikolatalı Kek
- 1 porsiyon Ovaltine Soak
- 1 porsiyon Malt Fudge Sos, ılık
- ½ porsiyon Maltlı Süt Kırıntısı
- 1 porsiyon Közlenmiş Marshmallow

Talimatlar
a) Tezgaha bir parça parşömen veya Silpat koyun. Üzerine keki ters çevirin ve kekin altındaki parşömeni veya silpatı soyun. Pastadan 2 daire çıkarmak için pasta halkasını kullanın. Bunlar en iyi 2 kek katmanınız. Kalan kek "hurdası" bir araya gelerek pastanın alt katmanını oluşturacaktır.

Katman 1, Alt
b) Kek halkasını temizleyin ve temiz parşömen veya Silpat ile kaplanmış bir tepsinin ortasına yerleştirin. Kek halkasının içini hizalamak için 1 şerit asetat kullanın.

c) Kek artıklarını halkanın içine koyun ve artıkları düz ve eşit bir tabaka halinde bastırmak için elinizin arkasını kullanın.

d) Ovaltine ıslatmaya bir pasta fırçası batırın ve kek tabakasını ıslatmanın yarısı ile iyi, sağlıklı bir banyo yapın.

e) Malt şekerleme sosunun beşte birini kekin üzerine eşit bir tabaka halinde yaymak için bir kaşığın arkasını kullanın. (Faydalı ipucu: şekerleme sosu ne kadar sıcaksa yayılması o kadar kolay olur.)

f) Maltlı şekerleme sosunun üzerine maltlı süt kırıntılarının yarısını ve kömürleşmiş şekerlemelerin üçte birini eşit şekilde serpin. Yerlerine sabitlemek için elinizin arkasını kullanın.

g) Malt şekerleme sosunun beşte birini kırıntıların ve şekerlemelerin üzerine mümkün olduğunca eşit bir şekilde yaymak için bir kaşığın arkasını kullanın.

Katman 2, Orta

h) İşaret parmağınızla, ikinci asetat şeridini yavaşça kek halkası ile ilk asetat şeridinin üst $\frac{1}{4}$ inç arasına sokun, böylece 5 ila 6 inç yüksekliğinde şeffaf bir asetat halkası elde edersiniz; bitmiş pasta Sosun üzerine yuvarlak bir kek koyun ve işlemi 1. kat için tekrarlayın.

Katman 3, Üst

i) Kalan keki yuvarlak şekilde sosun içine yerleştirin. Kalan şekerleme sosuyla pastanın üstünü kaplayın. Bu bir sos olduğundan, krema değil, burada parlak, mükemmel düz bir üst yapmaktan başka seçeneğiniz yok. Kalan kömürleşmiş şekerlemelerle süsleyin.

j) Tepsiyi dondurucuya aktarın ve pastayı ve dolguyu ayarlamak için en az 12 saat dondurun. Kek 2 haftaya kadar dondurucuda kalacaktır.

k) Pastayı servis etmeye hazır olmadan en az 3 saat önce, tepsiyi dondurucudan çıkarın ve parmaklarınızı ve başparmaklarınızı kullanarak pastayı pasta halkasından çıkarın. Asetatı nazikçe soyun ve pastayı bir tabağa veya pasta standına aktarın. En az 3 saat buzdolabında dinlendirelim.

l) Pastayı takozlara dilimleyin ve servis yapın.

76. Çikolatalı kek

1 ÇEYREK YAPRAK TAVA KEK YAPILIR

İçindekiler

- 115 gr oda sıcaklığında tereyağı [8 yemek kaşığı (1 çubuk)]
- 300 gr şeker [1½ su bardağı]
- 3 yumurta
- 110 gr ayran [½ su bardağı]
- 40 gr üzüm çekirdeği yağı [¼ su bardağı]
- 4 gr vanilya özü [1 çay kaşığı]
- ¼ porsiyon Fudge Sos [38 gr (3 yemek kaşığı)]
- 155 gr kek unu [1¼ su bardağı]
- 70 gr kakao tozu
- 6 gr kabartma tozu [1½ çay kaşığı]
- 6 gr koşer tuzu [1½ çay kaşığı]
- Pam veya diğer yapışmaz pişirme spreyi (isteğe bağlı)

Talimatlar

a) Fırını 350 ° F'ye ısıtın.

b) Tereyağı ve şekeri, kanatlı aparat ve krema ile donatılmış bir stand mikserin kasesinde 2 ila 3 dakika orta-yüksek sıcaklıkta birleştirin. Kasenin kenarlarını kazıyın, yumurtaları ekleyin ve orta-yüksek seviyede 2 ila 3 dakika karıştırın. Kasenin kenarlarını bir kez daha kazıyın.

c) Düşük hızda ayran, yağ ve vanilyayı ekleyin. Karıştırıcı hızını orta-yüksek seviyeye yükseltin ve karışım neredeyse beyaz olana, orijinal kabarık tereyağı-şeker karışımınızın iki katı büyüklüğünde ve tamamen homojen olana kadar 3 ila 5 dakika kürek çekin. Yağ veya sıvı çizgileri olmamalıdır. Karıştırıcıyı durdurun ve kasenin kenarlarını kazıyın.

d) Fudge sosu ekleyin ve tamamen karışana kadar düşük hızda karıştırın. Kasenin kenarlarını kazıyın.

e) Bir spatula ile un, kakao tozu, kabartma tozu ve tuzu orta boy bir kapta karıştırın. Çok düşük hızda kuru malzemeleri ekleyin ve hamurunuz bir araya gelene kadar 45 ila 60 saniye karıştırın. Kasenin kenarlarını kazıyın ve küçük kakao tozu ve kek ununun karışmasını sağlamak için düşük hızda 45 saniye daha karıştırın.

f) Çeyrek yapraklı bir tavaya Pam püskürtün ve parşömenle hizalayın veya tavayı bir Silpat ile hizalayın. Bir spatula kullanarak, kek hamurunu tavada eşit bir tabaka halinde yayın. 30 ila 35 dakika pişirin. Kek kabaracak ve iki katına çıkacak, ancak biraz tereyağlı ve yoğun kalacaktır. 30. dakikada parmağınızla pastanın kenarını hafifçe dürtün: pasta hafifçe geri sekmeli ve ortası artık sallanmamalıdır. Bu testleri geçemezse keki 3-5 dakika daha fırında bırakın.

g) Keki fırından çıkarıp tel ızgara üzerinde soğutun.

77. Elmalı turta katlı kek

5 İLA 6 İNÇ BOYUNDA 1 (6 İNÇ) KATMANLI KEK YAPILIR; 6'DAN 8'E HİZMET VERİR

İçindekiler
- 1 porsiyon Barely Brown Tereyağlı Kek
- 1 porsiyon elma sirkesi
- 1 porsiyon Sıvı Cheesecake
- ½ porsiyon Turta Kırıntısı
- 1 porsiyon elmalı turta dolgusu
- ½ porsiyon Pie Crumb Frosting

Talimatlar

a) Tezgaha bir parça parşömen veya Silpat koyun. Üzerine keki ters çevirin ve kekin altındaki parşömeni veya silpatı soyun. Pastadan 2 daire çıkarmak için pasta halkasını kullanın. Bunlar en iyi 2 kek katmanınız. Kalan kek "hurdası" bir araya gelerek pastanın alt katmanını oluşturacaktır.

Katman 1, Alt

b) Kek halkasını temizleyin ve temiz parşömen veya Silpat ile kaplanmış bir tepsinin ortasına yerleştirin. Kek halkasının içini hizalamak için 1 şerit asetat kullanın.

c) Kek artıklarını halkanın içine koyun ve artıkları düz ve eşit bir tabaka halinde bastırmak için elinizin arkasını kullanın.

d) Elma sirkeli suya bir pasta fırçası batırın ve kek tabakasını ıslatmanın yarısıyla güzel, sağlıklı bir banyo yapın.

e) Sıvı cheesecake'in yarısını pastanın üzerine eşit bir tabaka halinde yaymak için bir kaşığın arkasını kullanın.

f) Turta kırıntılarının üçte birini sıvı cheesecake üzerine eşit şekilde serpin. Yerlerine sabitlemek için elinizin arkasını kullanın.

g) Elmalı turta dolgusunun yarısını kırıntıların üzerine mümkün olduğunca eşit bir şekilde yaymak için bir kaşığın arkasını kullanın.

Katman 2, Orta

h) İşaret parmağınızla, ikinci asetat şeridini yavaşça kek halkası ile ilk asetat şeridinin üst $\frac{1}{4}$ inç arasına sokun, böylece 5 ila 6 inç yüksekliğinde şeffaf bir asetat halkası elde edersiniz; bitmiş pasta Dolgunun üzerine bir pasta yuvarlak yerleştirin ve işlemi 1. kat için tekrarlayın.

Katman 3, Üst

i) Kalan keki elmalı turta dolgusunun içine yerleştirin. Pastanın üstünü tüm pasta kırıntısı buzlanma ile kaplayın. Hacim ve kıvrımlar verin ya da bizim yaptığımız gibi yapın ve tamamen düz bir üst seçin. Kalan turta kırıntıları ile kremayı süsleyin.

j) Tepsiyi dondurucuya aktarın ve pastayı ve dolguyu ayarlamak için en az 12 saat dondurun. Kek 2 haftaya kadar dondurucuda kalacaktır.

k) Pastayı servis etmeye hazır olmadan en az 3 saat önce, tepsiyi dondurucudan çıkarın ve parmaklarınızı ve başparmaklarınızı kullanarak pastayı pasta halkasından çıkarın. Asetatı nazikçe soyun ve pastayı bir tabağa veya pasta standına aktarın. Buzdolabında en az 3 saat çözülmesine izin verin (plastiğe iyice sarın, 5 güne kadar soğutulabilir).

l) Pastayı takozlara dilimleyin ve servis yapın.

78. kahverengi tereyağlı kek

1 ÇEYREK YAPRAK TAVASI OLUŞTURULUR

İçindekiler
- 55 gr tereyağı [4 yemek kaşığı ($\frac{1}{2}$ çubuk)]
- 40 gr esmer tereyağı [2 yemek kaşığı]
- 250 gr toz şeker [$1\frac{1}{4}$ su bardağı]
- 60 gr açık kahverengi şeker [$\frac{1}{4}$ fincan sıkıca paketlenmiş]
- 3 yumurta
- 110 gr ayran [$\frac{1}{2}$ su bardağı]
- 65 gr üzüm çekirdeği yağı [⅓ su bardağı]
- 2 gr vanilya özü [$\frac{1}{2}$ çay kaşığı]
- 185 gr kek unu [$1\frac{1}{2}$ su bardağı]
- 4 gr kabartma tozu [1 çay kaşığı]
- 4 gr koşer tuzu [1 çay kaşığı]
- Pam veya diğer yapışmaz pişirme spreyi (isteğe bağlı)

Talimatlar

a) Fırını 350 ° F'ye ısıtın.

b) Tereyağı ve şekerleri kürek ataşmanı ve krema ile donatılmış bir stand mikserin kasesinde 2 ila 3 dakika orta-yüksek sıcaklıkta birleştirin. Kasenin kenarlarını kazıyın, yumurtaları ekleyin ve orta-yüksek seviyede 2 ila 3 dakika karıştırın. Kasenin kenarlarını bir kez daha kazıyın.

c) Kürek düşük hızda dönerken ayran, yağ ve vanilyayı akıtın. Hızı orta-yüksek seviyeye yükseltin ve karışım neredeyse beyaz olana, orijinal kabarık tereyağı ve şeker karışımınızın iki katı büyüklüğünde ve tamamen homojen olana kadar 5 ila 6 dakika kürek çekin. Temel olarak, zaten yağlı bir karışıma yer açmak istemeyen çok fazla sıvıyı zorluyorsunuz, bu nedenle 6 dakika sonra hemen görünmüyorsa, karıştırmaya devam edin. Karıştırıcıyı durdurun ve kasenin kenarlarını kazıyın.

d) Çok düşük hızda kek unu, kabartma tozu ve tuzu ekleyin. Hamurunuz bir araya gelene ve herhangi bir kuru bileşen kalıntısı eklenene kadar 45 ila 60 saniye karıştırın. Kasenin kenarlarını kazıyın. Küçük kek unu topaklarının dahil edildiğinden emin olmak için düşük hızda 45 saniye daha karıştırın.

e) Çeyrek yapraklı bir tavaya Pam püskürtün ve parşömenle hizalayın veya tavayı bir Silpat ile hizalayın. Bir spatula kullanarak, kek hamurunu tavada eşit bir tabaka halinde yayın. 30 ila 35 dakika pişirin. Kek kabaracak ve iki katına çıkacak, ancak biraz tereyağlı ve yoğun kalacaktır. 30. dakikada parmağınızla pastanın kenarını hafifçe dürtün: pasta hafifçe geri sekmeli ve ortası artık sallanmamalıdır. Bu testleri geçemezse keki 3-5 dakika daha fırında bırakın.

f) Pastayı fırından çıkarın ve bir tel ızgara üzerinde veya bir tutamda buzdolabında veya derin dondurucuda soğutun (endişelenmeyin, hile yapmıyor). Soğutulmuş kek, buzdolabında plastik sargıya sarılarak 5 güne kadar saklanabilir.

79. sıvı cheesecake

YAKLAŞIK 325 GR (1½ KUPA) YAPILIR

İçindekiler

- 225 gr krem peynir [8 ons]
- 150 gr şeker [¾ su bardağı]
- 6 gr mısır nişastası [1 yemek kaşığı]
- 2 gr koşer tuzu [½ çay kaşığı]
- 25 gr süt [2 yemek kaşığı]
- 1 yumurta

Talimatlar

a) Fırını 300 ° F'ye ısıtın.
b) Krem peynirini kürek ataşmanı takılı bir stand mikserin kasesine koyun ve düşük hızda 2 dakika karıştırın. Bir spatula ile kasenin kenarlarını kazıyın. Şekeri ekleyin ve şeker tamamen karışana kadar 1-2 dakika karıştırın. Kasenin kenarlarını kazıyın.
c) Orta boy bir kasede mısır nişastası ve tuzu birlikte çırpın. Sütü yavaş ve sabit bir akışla çırpın, ardından bulamaç homojen olana kadar yumurtayı çırpın.
d) Mikser orta-düşük hızdayken, yumurta bulamacına akıtın. Karışım pürüzsüz ve gevşek olana kadar 3 ila 4 dakika kürek çekin. Kasenin kenarlarını kazıyın.
e) 6 × 6 inçlik bir fırın tepsisinin altını ve yanlarını plastik örtü ile hizalayın. Cheesecake hamurunu kalıba dökün, fırına verin ve 15 dakika pişirin. Tavayı hafifçe sallayın. Cheesecake daha sıkı olmalı ve fırın tepsisinin dış kenarlarına doğru daha fazla oturmalı, ancak yine de ölü merkezde sallantılı ve gevşek olmalıdır. Cheesecake'in her tarafı sallanıyorsa 5 dakika daha verin. Ve gerekirse 5 dakika daha, ama bir tanesini az pişirmek hiç 25 dakikadan fazla sürmedi. Cheesecake $\frac{1}{4}$ inçten fazla yükselirse veya kahverengileşmeye başlarsa, hemen fırından çıkarın.
f) Pişirme işlemini bitirmek ve cheesecake'in sertleşmesini sağlamak için cheesecake'i tamamen soğutun. Nihai ürün bir cheesecake'e benzeyecek, ancak yine de gövde ve hacme sahipken kolayca yayılacak veya bulaşacak kadar sıkılabilir ve bükülebilir olacaktır. Cheesecake soğuduktan sonra hava geçirmez bir kapta buzdolabında 1 haftaya kadar saklanabilir.

80. muz katmanlı kek

5 İLA 6 İNÇ BOYUNDA 1 (6 İNÇ) KATMANLI KEK YAPILIR; 6'DAN 8'E HİZMET VERİR

İçindekiler
- 1 porsiyon Muzlu Kek
- 55 gr süt [¼ su bardağı]
- 1 porsiyon Çikolatalı Fındıklı Ganaj, ısıtılmış
- ½ porsiyon Fındık Ezmesi
- ½ porsiyon Muz Kreması
- 1 porsiyon fındık kreması

Talimatlar

a) Tezgaha bir parça parşömen veya Silpat koyun. Üzerine keki ters çevirin ve kekin altındaki parşömeni veya silpatı soyun. Pastadan 2 daire çıkarmak için pasta halkasını kullanın. Bunlar en iyi 2 kek katmanınız. Kalan kek "hurdası" bir araya gelerek pastanın alt katmanını oluşturacaktır.

Katman 1, Alt

b) Kek halkasını temizleyin ve temiz parşömen veya Silpat ile kaplanmış bir tepsinin ortasına yerleştirin. Kek halkasının içini hizalamak için 1 şerit asetat kullanın.

c) Kek artıklarını halkanın içine koyun ve kek artıklarını düz ve eşit bir tabaka halinde bastırmak için elinizin arkasını kullanın.

d) Bir pasta fırçasını sütün içine batırın ve kek tabakasını sütün yarısıyla güzel, sağlıklı bir banyo yapın.

e) Ganajın yarısını kekin üzerine eşit bir tabaka halinde yaymak için bir kaşığın arkasını kullanın.

f) Fındık ezmesinin üçte birini ganajın üzerine eşit şekilde serpin. Yerine sabitlemek için elinizin arkasını kullanın.

g) Muz kremasının yarısını çıtır çıtırın üzerine mümkün olduğunca eşit bir şekilde yaymak için bir kaşığın arkasını kullanın.

Katman 2, Orta

h) İşaret parmağınızla, ikinci asetat şeridini yavaşça kek halkası ile ilk asetat şeridinin üst $\frac{1}{4}$ inç arasına sokun, böylece 5 ila 6 inç yüksekliğinde şeffaf bir asetat halkası elde edersiniz; bitmiş pasta Muzlu kremanın üzerine yuvarlak bir kek yerleştirin ve işlemi 1. kat için tekrarlayın.

Katman 3, Üst

i) Kalan keki muz kremasının içine yuvarlayın. Fındıklı kremanın tamamı ile pastanın üzerini kaplayın. Hacim ve kıvrımlar verin ya da bizim yaptığımız gibi yapın ve tamamen düz bir üst seçin. Kalan fındık ezmesi kümeleriyle kremayı süsleyin.

j) Tepsiyi dondurucuya aktarın ve pastayı ve dolguyu ayarlamak için en az 12 saat dondurun. Kek 2 haftaya kadar dondurucuda kalacaktır.

k) Pastayı servis etmeye hazır olmadan en az 3 saat önce, tepsiyi dondurucudan çıkarın ve parmaklarınızı ve başparmaklarınızı kullanarak pastayı pasta halkasından çıkarın. Asetatı nazikçe soyun ve pastayı bir tabağa veya pasta standına aktarın. En az 3 saat buzdolabında dinlendirelim.

l) Pastayı takozlara dilimleyin ve servis yapın.

81. Muzlu kek

1 ÇEYREK YAPRAK TAVASI OLUŞTURULUR

İçindekiler

- 85 gr oda sıcaklığında tereyağ [6 yemek kaşığı]
- 200 gr şeker [1 su bardağı]
- 1 yumurta
- 110 gr ayran [½ su bardağı]
- 20 gr üzüm çekirdeği yağı [2 yemek kaşığı]
- 2 gr muz özü [½ çay kaşığı]
- 225 gr muz [2]
- 225 gr un [1⅓ su bardağı]
- 3 gr kabartma tozu [¾ çay kaşığı]
- 3 gr kabartma tozu [½ çay kaşığı]
- 2 gr koşer tuzu [½ çay kaşığı]

Talimatlar

a) Fırını 325 ° F'ye ısıtın.
b) Tereyağı ve şekeri, kanatlı aparat ve krema ile donatılmış bir stand mikserin kasesinde 2 ila 3 dakika orta-yüksek sıcaklıkta birleştirin. Kâsenin kenarlarını kazıyın, yumurtayı ekleyin ve 2-3 dakika orta-yüksek hızda tekrar karıştırın. Kasenin kenarlarını bir kez daha kazıyın.
c) Kürek düşük hızda dönerken ayran, yağ ve muz özünü akıtın. Karıştırıcı hızını orta-yüksek seviyeye yükseltin ve karışım neredeyse beyaz olana, orijinal kabarık tereyağı ve şeker karışımınızın iki katı büyüklüğünde ve tamamen homojen olana kadar 5 ila 6 dakika boyunca kürek çekin. Temel olarak, zaten yağlı bir karışıma yer açmak istemeyen çok fazla sıvıyı zorluyorsunuz, bu nedenle 6 dakika sonra hemen görünmüyorsa, karıştırmaya devam edin. Karıştırıcıyı durdurun ve kasenin kenarlarını kazıyın.

d) Çok düşük hızda muzları ekleyin ve tüm muzların parçalanmasını sağlamak için 45 ila 60 saniye karıştırın.
e) Hala düşük hızda, un, kabartma tozu, kabartma tozu ve tuzu ekleyin ve hamur bir araya gelene ve kuru malzeme kalıntıları eklenene kadar 45 ila 60 saniye karıştırın. Kasenin kenarlarını kazıyın.
f) Çeyrek yapraklı bir tepsiye Pam püskürtün ve parşömenle hizalayın veya tepsiyi bir Silpat ile hizalayın. Bir spatula kullanarak, kek hamurunu tavada eşit bir tabaka halinde yayın. Katmanı eşitlemek için levha tavanızın alt kısmına tezgahın üzerine hafifçe vurun.
g) 25 ila 30 dakika pişirin. Kek kabaracak ve iki katına çıkacak, ancak biraz tereyağlı ve yoğun kalacaktır. 25. dakikada parmağınızla pastanın kenarını hafifçe dürtün: pasta hafifçe geri sekmeli ve ortası artık sallanmamalıdır. Kek bu testlerden geçemezse 3 ila 5 dakika daha fırında bırakın.
h) Keki fırından çıkarın ve bir tel ızgara üzerinde veya bir tutamda buzdolabında veya derin dondurucuda soğutun.

82. Fındık ezmesi

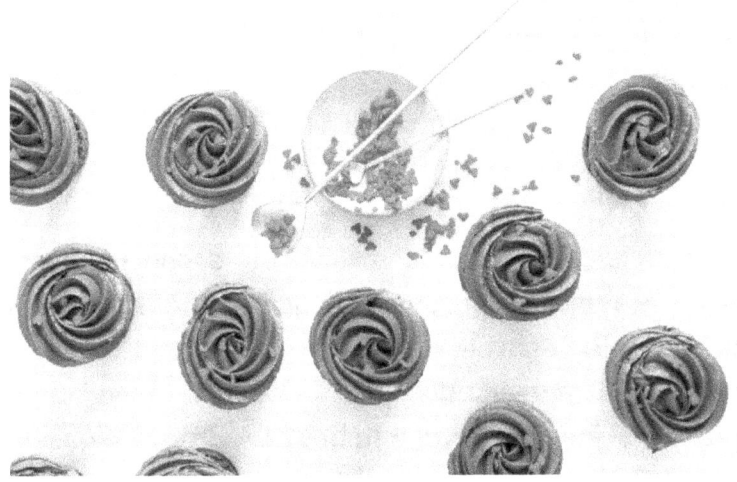

YAKLAŞIK 110 G (⅓KUP) YAPAR

İçindekiler
- 25 gr oda sıcaklığında tereyağ [2 yemek kaşığı]
- 65 gr fındık ezmesi [¼ su bardağı]
- 20 gr şekerleme şekeri [2 yemek kaşığı]
- 0,5 gr koşer tuzu [⅛ çay kaşığı]

Talimatlar

a) Tereyağını kürek eklentisi ile donatılmış bir stand mikserin kasesine koyun ve tamamen pürüzsüz olana kadar orta-yüksek hızda kürek çekin. Bir spatula ile kasenin kenarlarını kazıyın. Bu az miktarda malzemedir, bu nedenle büyükanne karıştırıcınızı şimdi kullanın veya orta boy bir kapta elle görevi üstlenin.

b) Fındık ezmesini, pudra şekerini ve tuzu ekleyin ve yüksek devirde krema kabarana ve içinde topak kalmayana kadar 3-4 dakika karıştırın. Her şeyin güzel ve pürüzsüz olduğundan emin olmak için kasenin kenarlarını kazıyın ve 15 saniye karıştırın.

c) Hemen kullanın veya hava geçirmez bir kapta buzdolabında 1 aya kadar saklayın. Kullanmadan önce oda sıcaklığına getirin.

83. Şekerleme sosu

½ KUPASI YAPILIR

İçindekiler

- 30 gr %72 çikolata, doğranmış [1 ons]
- 18 gr kakao tozu
- 0,5 gr koşer tuzu [⅛ çay kaşığı]
- 100 gr glikoz [¼ fincan]
- 25 gr şeker [2 yemek kaşığı]
- 55 gr krema [¼ su bardağı]

Talimatlar

a) Çikolata, kakao tozu ve tuzu orta boy bir kapta birleştirin.

b) Glikoz, şeker ve ağır kremayı kalın tabanlı bir tencerede birleştirin ve yüksek ateşte kaynama noktasına getirirken aralıklı olarak karıştırın. Kaynadığı anda çikolatanın bulunduğu kaseye dökün. 1 tam dakika oturun.

c) Yavaş yavaş karışımı çırpmaya başlayın. Ardından, karışım parlak ve ipeksi pürüzsüz olana kadar her 30 saniyede bir çırpma gücünüzü artırarak devam edin. Bu, hızınıza ve gücünüze bağlı olarak 2 ila 4 dakika sürecektir. Sosu bu noktada kullanabilir veya hava geçirmez bir kapta buzdolabında 2 haftaya kadar saklayabilir; dondurmayın.

84. malt şekerleme sosu

YAKLAŞIK 1¾ KUPASI YAPILIR

İçindekiler
- 60 gr %72 çikolata, doğranmış [2 ons]
- 80 gr Ovaltine, malt aroması [1 su bardağı]
- 5 gr pekmez [1 çay kaşığı]
- 1 gr koşer tuzu [¼ çay kaşığı]
- 200 gr glikoz [½ fincan]
- 50 gr şeker [¼ su bardağı]
- 110 gr krema [½ su bardağı]

Talimatlar

a) Orta boy bir kapta çikolata, ovaltin, pekmez ve tuzu birleştirin.

b) Glikoz, şeker ve ağır kremayı kalın tabanlı bir tencerede birleştirin ve yüksek ateşte kaynama noktasına getirirken aralıklı olarak karıştırın. Kaynadığı anda çikolatanın bulunduğu kaseye dökün. 1 tam dakika oturun.

c) Yavaş yavaş karışımı çırpmaya başlayın. Ardından, karışım parlak ve ipeksi pürüzsüz olana kadar her 30 saniyede bir çırpma gücünüzü artırarak devam edin. Bu, hızınıza ve gücünüze bağlı olarak 2 ila 4 dakika sürecektir.

85. Earl grey şekerleme sosu

YAKLAŞIK 250 G ($\frac{1}{4}$ KUP) VEYA 4 VEYA DAHA FAZLA PAZAR İÇİN YETER

İçindekiler
- 40 gr su [3 yemek kaşığı]
- 1 Earl Grey poşet çay
- 30 gr %72 çikolata, doğranmış [1 ons]
- 18 gr kakao tozu
- 0,5 gr koşer tuzu [$\frac{1}{8}$ çay kaşığı]
- 100 gr glikoz [$\frac{1}{4}$ fincan]
- 25 gr şeker [2 yemek kaşığı]
- 55 gr krema [$\frac{1}{4}$ su bardağı]

Talimatlar
a) Suyu kaynamaya getirin. Ateşten alın, çayı ekleyin ve 4 dakika demlenmeye bırakın.

b) Çay poşetini sıkın ve çıkarın ve çayı orta boy bir kaseye dökün. Çikolata, kakao tozu ve tuzu ekleyin.

c) Glikoz, şeker ve ağır kremayı kalın tabanlı bir tencerede birleştirin ve yüksek ateşte kaynama noktasına getirirken aralıklı olarak karıştırın. Kaynadığı anda çikolatanın bulunduğu kaseye dökün. 1 tam dakika oturun.

d) Yavaş yavaş karışımı çırpmaya başlayın. Ardından, her 30 saniyede bir çırpma gücünüzü artırarak devam edin.

86. kabak ganajı

YAKLAŞIK 340 GR (1¼ KUPA) YAPILIR

İçindekiler
- 150 gr beyaz çikolata [5¼ ons]
- 25 gr tereyağı [2 yemek kaşığı]
- 50 gr glikoz [2 yemek kaşığı]
- 55 gr soğuk ağır krema [¼ fincan]
- 75 gr Libby's kabak püresi [⅓ fincan]
- 4 gr koşer tuzu [1 çay kaşığı]
- 1 gr öğütülmüş tarçın [½ çay kaşığı]

Talimatlar

a) Beyaz çikolatayı ve tereyağını mikrodalgaya uygun bir tabakta birleştirin ve mikrodalgada 15 saniyelik aralıklarla, patlamalar arasında karıştırarak hafifçe eritin.

b) Çikolata karışımını bir kaba aktarın. Glikozu mikrodalgada 15 saniye ısıtın, ardından hemen çikolata karışımına ekleyin ve el blenderi ile çırpın.

c) Bir dakika sonra, el blenderi çalışırken ağır kremayı akıtın.

d) Kabak püresi, tuz ve tarçınla karıştırın. Kullanmadan önce en az 4 saat veya ideal olarak gece boyunca ganajı buzdolabına koyun.

87. Kereviz kökü ganajı

YAKLAŞIK 375 GR (1½ KUPA) YAPILIR

İçindekiler
- 1 orta boy kereviz kökü, soyulmuş ve parçalar halinde kesilmiş
- 10 gr üzüm çekirdeği yağı [1 yemek kaşığı]
- 1 gr koşer tuzu [¼ çay kaşığı]
- 1 gr taze çekilmiş karabiber [¼ çay kaşığı]
- gerekirse süt
- 150 gr beyaz çikolata [5¼ ons]
- 40 gr tereyağı [3 yemek kaşığı]
- 50 gr glikoz [2 yemek kaşığı]
- 55 gr soğuk ağır krema [¼ fincan]
- 4 gr koşer tuzu [1 çay kaşığı]

Talimatlar
a) Fırını 325 ° F'ye ısıtın.
b) Kereviz kökü parçalarını büyük bir alüminyum folyo üzerine koyun. Yağı, tuzu ve karabiberi ekleyin ve kereviz kökünü kaplamak için fırlatın. Kereviz kökünü kapatmak için folyoyu katlayın, kolay tutması için folyo paketi bir tepsiye koyun ve 30 ila 60 dakika kızartın. Kereviz kökü bu noktada hafifçe karamelleşmeli ve yumuşacık olmalıdır; değilse, fırında 15 dakika daha verin.
c) Kereviz kökünü bir karıştırıcıya aktarın ve püre haline getirin. (Blenderiniz size sorun çıkarıyorsa, çalışmasına yardımcı olması için 2 yemek kaşığı kadar süt ekleyin.) Püreyi ince gözenekli bir süzgeçten geçirin; dokusu Libby'nin balkabağı püresi (veya bebek maması) olmalıdır. 125 gr (½ su bardağı) kereviz kökü püresini ölçün. Soğumaya bırakın.
d) Beyaz çikolatayı ve tereyağını mikrodalgaya uygun bir tabakta birleştirin ve mikrodalgada 15 saniyelik aralıklarla, patlamalar arasında karıştırarak hafifçe eritin. Sonuç, dokunulamayacak kadar sıcak ve tamamen homojen olmalıdır.

e) Çikolata karışımını, 1 litrelik plastik bir şarküteri kabı gibi, uzun ve dar bir şey olan bir daldırma blenderi barındırabilecek bir kaba aktarın. Glikozu mikrodalgada 15 saniye ısıtın, ardından hemen çikolata karışımına ekleyin ve el blenderi ile çırpın. Bir dakika sonra, el blenderi çalışırken ağır kremayı akıtın; karışım ipeksi, parlak ve pürüzsüz bir şey olacak şekilde bir araya gelecektir.

f) Kereviz kökü püresini ve tuzu karıştırın; tadın ve gerekirse daha fazla tuz ekleyin. Kullanmadan önce en az 4 saat veya ideal olarak gece boyunca ganajı buzdolabına koyun. Hava almayan bir kapta saklanırsa, buzdolabında 1 hafta dayanır. Soğuk servis yapın.

88. pancar-kireç ganaj

YAKLAŞIK 330 GR (1½ KUPA) YAPILIR

İçindekiler

- 2 orta boy pancar, soyulmuş ve parçalar halinde kesilmiş (eldiven kullanın;)
- 1 kireç
- gerekirse süt
- 120 gr beyaz çikolata [4¼ ons]
- 25 gr tereyağı [2 yemek kaşığı]
- 100 gr glikoz [¼ fincan]
- 55 gr soğuk ağır krema [¼ fincan]
- 3 gr koşer tuzu [¾ çay kaşığı]

Talimatlar

a) Fırını 325 ° F'ye ısıtın.
b) Pancar parçalarını büyük bir alüminyum folyoya sarın ve kolay kullanım için bir sac tepsiye koyun. 1 ila 2 saat veya pancarlar yumuşayana kadar kızartın; eğer değilse, fırında 30 dakika daha verin.
c) Bu sırada limonun kabuğunu rendeleyin; rezerv. Kireçten 8 gr (2 çay kaşığı) suyu sıkın ve ayırın.
d) Pancarları bir karıştırıcıya aktarın ve püre haline getirin. (Blenderiniz size sorun çıkarıyorsa, çalışmasına yardımcı olması için 1 çorba kaşığı kadar süt ekleyin.) Püreyi ince gözenekli bir süzgeçten geçirin; dokusu Libby'nin balkabağı püresi (veya bebek maması) olmalıdır. 120 gr (⅓ su bardağı) pancar püresini ölçün. Soğumaya bırakın.
e) Beyaz çikolatayı ve tereyağını mikrodalgaya uygun bir tabakta birleştirin ve mikrodalgada 15 saniyelik aralıklarla, patlamalar arasında karıştırarak hafifçe eritin. Sonuç, dokunulamayacak kadar sıcak ve tamamen homojen olmalıdır.

f) Çikolata karışımını, 1 litrelik plastik bir şarküteri kabı gibi, uzun ve dar bir şey olan bir daldırma blenderi barındırabilecek bir kaba aktarın. Glikozu mikrodalgada 15 saniye ısıtın, ardından hemen çikolata karışımına ekleyin ve el blenderi ile çırpın. Bir dakika sonra, el blenderi çalışırken ağır kremayı akıtın; karışım ipeksi, parlak ve pürüzsüz bir şey olacak şekilde bir araya gelecektir.

g) Pancar püresi, limon kabuğu rendesi ve tuzu karıştırın. Ganajı sertleşmesi için 30 dakika buzdolabına koyun.

h) Limon suyunu ganajın içine katlamak için bir spatula kullanın (ganaj katılaşana kadar bunu yapmayın, yoksa ganajı kırarsınız). Ganajı en az 3 saat veya ideal olarak gece boyunca buzdolabına geri koyun. Hava almayan bir kapta saklanırsa, buzdolabında 1 hafta dayanır. Soğuk servis yapın.

89. çikolatalı fındık ganaj

YAKLAŞIK 215 G ($\frac{1}{4}$ KUP) YAPAR

İçindekiler
- 55 gr krema [$\frac{1}{4}$ su bardağı]
- 60 g gianduja çikolata, eritilmiş [2 ons]
- 65 gr fındık ezmesi [$\frac{1}{4}$ su bardağı]
- $\frac{1}{4}$ porsiyon Fudge Sos [38 gr (3 yemek kaşığı)]
- 1 gr koşer tuzu [$\frac{1}{4}$ çay kaşığı]

Talimatlar

a) Ağır kremayı küçük, kalın tabanlı bir tencerede orta-yüksek ateşte kaynatın.

b) Bu arada, orta boy bir kapta eritilmiş gianduja, fındık ezmesi, şekerleme sosu ve tuzu birleştirin.

c) Kremayı kaseye dökün ve 1 dakika boyunca rahatsız edilmeden bekletin. Bir el blenderi veya bir çırpma teli ile, karışım parlak ve ipeksi pürüzsüz olana kadar kasenin içindekileri yavaşça karıştırın. Bu, hızınıza ve gücünüze bağlı olarak 2 ila 4 dakika sürecektir. Hemen kullanın veya hava geçirmez bir kapta buzdolabında 2 haftaya kadar saklayın; dondurmayın.

90. Graham ganajı

YAKLAŞIK 150 G (⅓KUP) YAPAR

İçindekiler
- ½ porsiyon Graham Crust
- 85 gr süt [⅓su bardağı]
- 2 gr koşer tuzu [½ çay kaşığı]

Talimatlar

a) Graham kabuğunu, sütü ve tuzu bir karıştırıcıda birleştirin ve pürüzsüz ve homojen olana kadar orta hızda püre haline getirin - 1 ila 3 dakika sürecektir (blenderinizin harikalığına bağlı olarak).

b) Karışım blender bıçağınıza yapışmazsa, kapatın, küçük bir çay kaşığı alın ve bıçağın altını kazımayı unutmadan haznenin kenarlarını kazıyın ve tekrar deneyin.

c) Ganajı hemen kullanın veya hava geçirmez bir kapta buzdolabında 5 güne kadar saklayın.

91. Greyfurt tutkusu lor

YAKLAŞIK 350 GR (1¼ BARDAK) YAPILIR
İçindekiler
- 50 gr çarkıfelek meyvesi püresi [¼ fincan]
- 40 gr şeker [3 yemek kaşığı]
- 1 yumurta
- ½ jelatin levha
- 85 gr çok soğuk tereyağı [6 yemek kaşığı]
- 1 gr koşer tuzu [¼ çay kaşığı]
- 1 büyük greyfurt
- 3 gr üzüm çekirdeği yağı [1 çay kaşığı]

Talimatlar
a) Tutku meyvesi püresini ve şekeri bir karıştırıcıya koyun ve şeker granülleri eriyene kadar karıştırın. Yumurtayı ekleyin ve parlak turuncu-sarı bir karışım elde edene kadar düşük hızda karıştırın. Karıştırıcının içeriğini orta boy bir tencereye veya tencereye aktarın. Blender kutusunu temizleyin.

b) Jelatini çiçeklendirin.

c) Çarkıfelek meyvesi karışımını düzenli olarak karıştırarak kısık ateşte ısıtın. Isındıkça kalınlaşmaya başlayacak; yakından takip edin. Karışım kaynadıktan sonra ocaktan alın ve blendera aktarın. Çiçeklenmiş jelatin, tereyağı ve tuzu ekleyin ve karışım kalın, parlak ve süper pürüzsüz olana kadar karıştırın.

d) Karışımı ısıya dayanıklı bir kaba aktarın ve çarkıfelek meyvesi pıhtısı tamamen soğuyana kadar 30 ila 60 dakika buzdolabına koyun.

e) Çarkıfelek meyveli lor soğurken, kabuğu greyfurttan dikkatlice çıkarmak için bir soyma bıçağı kullanın. Daha sonra greyfurtun her bir parçasını, zar boyunca meyvenin merkezine doğru her bir bölümün her iki tarafını da dilimleyerek zarlarından dikkatlice çıkarın; segmentler hemen çıkmalıdır.

f) Greyfurt dilimlerini üzüm çekirdeği yağıyla birlikte küçük bir tencereye koyun ve kısık ateşte ara sıra ve hafifçe bir kaşıkla karıştırarak ısıtın. Yaklaşık 2 dakika sonra, ılık yağ greyfurt "ipliklerini" ayırmaya ve sarmaya yardımcı olacaktır. Ateşten alın ve devam etmeden önce ipliklerin biraz soğumasını bekleyin.

g) Bir kaşık veya lastik spatula kullanarak, greyfurt liflerini soğutulmuş çarkıfelek meyvesi pıhtısına yavaşça karıştırın. Hemen kullanın veya hava geçirmez bir kaba aktarın ve buzdolabında 1 haftaya kadar saklayın.

92. Şekerli yoğunlaştırılmış greyfurt

YAKLAŞIK 275 GR (1 BARDAK) YAPILIR

İçindekiler
- 225 gr şekerli yoğunlaştırılmış süt [¾ fincan]
- 30 gr Tropicana Ruby Red greyfurt suyu [2 yemek kaşığı]
- 2 gr koşer tuzu [½ çay kaşığı]
- 2 gr sitrik asit [½ çay kaşığı]
- 1 damla kırmızı gıda boyası

Talimatlar

a) Orta boy bir kapta şekerli yoğunlaştırılmış süt, greyfurt suyu, tuz, sitrik asit ve gıda boyasını birleştirin ve homojen olana kadar karışımın üzerine katlayarak ve lastik bir spatula ile karıştırın.

b) Hemen kullanın veya hava geçirmez bir kaba aktarın ve buzdolabında 2 haftaya kadar saklayın.

93. Tutku meyveli lor

YAKLAŞIK 360 G (1½ BARDAK) YAPILIR

İçindekiler

- 100 gr çarkıfelek meyvesi püresi [½ su bardağı]
- 65 gr şeker [⅓ su bardağı]
- 2 yumurta
- 1 jelatin levha
- 170 gr tereyağı, çok soğuk [12 yemek kaşığı (1½ çubuk)]
- 2 gr koşer tuzu [½ çay kaşığı]

Talimatlar

a) Tutku meyvesi püresini ve şekeri bir karıştırıcıya koyun ve şeker granülleri eriyene kadar karıştırın. Yumurtaları ekleyin ve düşük devirde çırpın. Karıştırıcının içeriğini orta boy bir tencereye veya tencereye aktarın. Blender kutusunu temizleyin.

b) Jelatini çiçeklendirin.

c) Çarkıfelek meyvesi karışımını düzenli olarak karıştırarak kısık ateşte ısıtın. Isındıkça kalınlaşmaya başlayacak; yakından takip edin. Kaynayınca ocaktan alıp blenderdan geçirelim. Çiçeklenmiş jelatin, tereyağı ve tuzu ekleyin ve karışım kalın, parlak ve süper pürüzsüz olana kadar karıştırın.

d) Karışımı ısıya dayanıklı bir kaba aktarın ve lor tamamen soğuyana kadar en az 30 dakika buzdolabına koyun.

94. limon lor

YAKLAŞIK 460 GR (2 BARDAK) YAPILIR

İçindekiler

- 3 limon, kabuğu rendelenmiş
- 100 gr şeker [½ su bardağı]
- 4 yumurta
- 1 jelatin levha
- 115 gr tereyağı, çok soğuk [8 yemek kaşığı (1 çubuk)]
- 2 gr koşer tuzu [½ çay kaşığı]

Talimatlar

a) Limonlardan 80 gr (⅓ fincan) meyve suyu sıkın.

b) Şeker, limon kabuğu rendesi ve limon suyunu bir karıştırıcıya koyun ve şeker granülleri eriyene kadar karıştırın. Yumurtaları ekleyin ve düşük devirde çırpın. Karıştırıcının içeriğini orta boy bir tencereye veya tencereye aktarın. Blender kutusunu temizleyin.

c) Jelatini çiçeklendirin.

d) Limon karışımını düzenli olarak karıştırarak kısık ateşte ısıtın. Isındıkça kalınlaşmaya başlayacak; yakından takip edin. Kaynayınca ocaktan alıp blenderdan geçirelim. Çiçeklenmiş jelatin, tereyağı ve tuzu ekleyin ve karışım kalın, parlak ve süper pürüzsüz olana kadar karıştırın.

e) Karışımı ince gözenekli bir süzgeçten geçirerek ısıya dayanıklı bir kaba dökün ve limonlu lor tamamen soğuyana kadar en az 30 dakika buzdolabına koyun.

95. Kimchi ve mavi peynirli kruvasanlar

5 Kruvasan yapar

İçindekiler
- ½ porsiyon Anne Hamuru, mayalanmış
- 105 gr un, üzerine serpmek için [¼ su bardağı]
- 1 porsiyon Kimchi Tereyağı
- 200 gr mavi peynir, ufalanmış [7 ons (1 su bardağı)]
- 1 yumurta
- 4 gr su [½ çay kaşığı]

Talimatlar
a) Yumruklayın ve hamuru düz, kuru bir tezgah üzerinde düzleştirin. Tezgâhı, hamuru ve merdaneyi un ile tozlayın ve hamuru yaklaşık 8 × 12 inçlik bir dikdörtgen ve eşit kalınlıkta açın. Yağ pedini buzdolabından alın ve hamur dikdörtgeninin yarısına yerleştirin. Hamur dikdörtgeninin diğer yarısını yağ yastığının üzerine katlayın ve kenarlarını sıkıştırın. Plastik sargı ile örtün ve oda sıcaklığında 10 dakika dinlendirin.

b) Kruvasan yapmak için, kruvasanların fırında kabarmasını ve şişmesini sağlamak için yeterince değişen un ve tereyağı katmanları oluşturmak için hamura 3 "çift kitap" dönüşü koymanız gerekecek.

c) İlk çift kitap çevirmenizi yapmak için tezgah yüzeyinizin, oklavanızın ve hamurun üzerine un serpin, hamurun altına da serpmeyi unutmayın. Hamuru tekrar 8 × 12 inçlik bir dikdörtgene ve hatta kalınlığa kadar açın.

d) Oklava ile nazik olun, tereyağı demetinin herhangi bir bölümünü kırmamaya veya tereyağı hamurdan dışarı çıkacak kadar sert yuvarlamamaya dikkat edin. Hamurunuzun üzerinde veya altında aşırı miktarda un kalmadığından emin olun - fazlalığı elinizle alın.

e) Hamurunuzu görsel olarak uzunlamasına dörde bölün. İki dış çeyreği, merkezde buluşacak şekilde hamur dikdörtgeninin merkez eksenine veya sırtına katlayın. Sonra kitabı kapatın, sırtı şimdi bir tarafta olacak şekilde bir kenarını diğeriyle birleştirin. Gevşek bir şekilde plastiğe sarın ve 30 dakika buzdolabına aktarın.

f) Toplam 3 dönüş yapmak için 2. ve 3. adımları iki kez daha tekrarlayın, her dönüşe başladığınızda, hamurunuzun açık kenarlarının veya ek yerinin sizden uzağa baktığından emin olun. Bazen hamuru sarmak için kullandığımız plastiğin üzerine 1, 2 veya 3 yazarız, saymayı kaçırmamak için dönüşleri yaparız. Çok fazla tur atarsanız, hamurunuza zarar vermez; birini atlarsanız, yumuşak vücutlu kruvasanlarınızdan büyük hayal kırıklığına uğrayacaksınız.

g) Son ve son açmanız için tezgah yüzeyinizi, merdanenizi ve hamurunuzu unlayın, hamurun altına da serpmeyi unutmayın. Hamuru 8 × 12 inç ve hatta kalınlıkta bir dikdörtgen şeklinde açın.

h) Bir soyma bıçağı veya bir pizza bıçağıyla, hamuru her biri en sivri uçtan kenar ortasına kadar 8 inç uzunluğunda ve altta 4 inç genişliğinde 5 üçgen halinde kesin.

i) Mavi peyniri her üçgenin geniş alt ucunun ortasına koyarak kruvasanlara bölün. Mavi peynirin ucundan başlayarak, bir elinizle hamuru üçgenin ucuna doğru yuvarlamaya başlayın, diğer elinizle ucu tutun ve hafifçe uzatın.

j) Üçgen tamamen hilal şekline gelene kadar devam edin. Üçgenin ucunun hilalin gövdesinin altına sıkıştırıldığından emin olun, aksi takdirde fırında çözülür. Artıkları kimchi kruvasan düğümlerine sarın veya battaniyelerde bebek domuzlar yapın!

k) Kruvasanları 6 inç aralıklarla düzenleyerek parşömen kaplı bir tepsiye aktarın. Hafifçe plastikle örtün ve oda sıcaklığında yaklaşık 45 dakika iki katına kadar bırakın.
l) Fırını 375 ° F'ye ısıtın.
m) Yumurta ve suyu küçük bir kasede çırpın. Bir fırça kullanarak kruvasanlarınızın üstünü yumurtalı suyla cömertçe kaplayın.
n) Kruvasanları 20 ila 25 dakika veya iki katına çıkana, kenarları karamelleşene ve dokunduğunuzda içi boş gibi görünen çıtır çıtır bir dış katmana sahip olana kadar pişirin. Fırından yeni çıkmış gibiler ve oda sıcaklığında çok lezzetliler.

96. Türkiye, İsviçre ve hardallı kruvasanlar

5 Kruvasan yapar

İçindekiler

- ½ porsiyon Anne Hamuru, mayalanmış
- 105 gr un, üzerine serpmek için [¼ su bardağı]
- 1 porsiyon Hardal Tereyağı
- 130 gr dilimlenmiş hindi [5 ons]
- 70 gr rendelenmiş İsviçre peyniri [2½ ons (¾ fincan)]
- 20 gr mayonez [2 yemek kaşığı]
- 1 yumurta
- 4 gr su [½ çay kaşığı]

Talimatlar

a) Kimchi yağı yerine hardal yağı kullanarak 5. adıma kadar Kimchi Kruvasanları için talimatları izleyin.

b) Bir soyma bıçağı veya bir pizza bıçağıyla, hamuru her biri en sivri uçtan kenar ortasına kadar 8 inç uzunluğunda ve altta 4 inç genişliğinde 5 üçgen halinde kesin. Dilimlenmiş hindiyi 5 kruvasan arasında bölün, dilimleri üçgenin geniş alt ucunun ortasına istifleyin. İsviçre peynirini parmaklarınızı kullanarak yuva yapmak için hindinin üzerine yerleştirin. Mayonezi İsviçre peyniri yuvalarına doldurun.

c) Geniş alt uçtan başlayarak, bir elinizle hamuru üçgenin ucuna doğru yuvarlamaya başlayın, diğer elinizle ucu tutun ve yavaşça uzatın. Üçgen tamamen hilal şekline gelene kadar devam edin. Üçgenin ucunun hilalin gövdesinin altına sıkıştırıldığından emin olun, aksi takdirde fırında çözülür. Artıkları hardal düğümü haline getirin veya battaniyelerde yavru domuzlar yapın!

d) Kruvasanları 6 inç aralıklarla düzenleyerek parşömen kaplı bir tepsiye aktarın. Hafifçe plastikle örtün ve oda sıcaklığında yaklaşık 45 dakika iki katına kadar bırakın.

e) Fırını 375 ° F'ye ısıtın.
f) Yumurta ve suyu küçük bir kasede çırpın. Bir fırça kullanarak kruvasanlarınızın üstünü yumurtalı suyla cömertçe kaplayın.
g) Kruvasanları 20 ila 25 dakika veya iki katına çıkana, kenarları karamelleşene ve dokunduğunuzda içi boş gibi görünen çıtır çıtır bir dış katmana sahip olana kadar pişirin. Fırından yeni çıkmış gibiler ve oda sıcaklığında çok lezzetliler. Garip bir nedenle hemen yenmezlerse, tek tek plastikle sarın ve 3 güne kadar buzdolabında saklayın. İkinci ve üçüncü gün kruvasanlarımızı yemeden önce kızartmayı seviyoruz.

97. Elmalı kızılcık ters tart

Verim: 1 porsiyon

İçindekiler

- ⅔ su bardağı Şeker
- 3 yemek kaşığı Su
- 6 Tart elma, soyulmuş, özlü ve ince dilimlenmiş
- 1 su bardağı kızılcık
- 3 yemek kaşığı Şeker
- 1 yemek kaşığı Tereyağı
- 1 Pişmemiş turta kabuğu

Talimatlar

a) ⅔ su bardağı şeker ve 3 yemek kaşığı suyu küçük bir kapaklı tencerede 5 dakika pişirin. Ortaya çıkarın ve altın kalın bir karamel olana kadar kaynatın.

b) Karamelin yanmaması için hemen ocaktan alın. 10 inçlik cam veya metal pasta tabağına dökün. Altını kaplamak için döndürün.

c) Elma dilimlerinin üçte birini karamelin üzerine kapatın.

d) Kızılcıkların üçte birini üstüne koyun ve 1 yemek kaşığı şeker serpin. Kalan meyve ve şeker ile iki kez tekrarlayın, Tereyağı ile nokta.

e) Hamuru gevşek bir şekilde meyvelerin üzerine koyun. 400 derecede 30 dakika pişirin. Rafa çıkarın ve 5 dakika soğutun. Turta tabağını küçük kasenin üzerine eğin ve birikmiş meyve sularını dökün. Servis tabağını turtanın üzerine ters çevirin. İkisini birlikte çevirin.

f) Pasta tabağını kaldırın. Vanilyalı dondurma ile tartı sıcak olarak servis edin.

98. elmalı frambuazlı tart

Verim: 8 Porsiyon

İçindekiler
- 1 fincan çok amaçlı un
- ½ çay kaşığı Tuz
- ⅓ fincan Kısaltma
- 2 yemek kaşığı Soğuk su; 3'e kadar
- 1 yumurta; ayrılmış
- 23 ons Tıknaz Elma Sosu
- 1 su bardağı taze ahududu VEYA 10 oz. pkg. dondurulmuş; çözülmüş, süzülmüş
- 2 yemek kaşığı Şeker
- ½ çay kaşığı Tarçın
- ¾ bardak Çok amaçlı un
- ½ su bardağı Sıkıca paketlenmiş kahverengi şeker
- ½ çay kaşığı Tarçın
- ⅓ su bardağı Margarin veya tereyağı; yumuşatılmış

Talimatlar
a) Fırını 400F'ye ısıtın.
b) Orta kapta un ve tuzu birleştirin. Hamur karıştırıcı veya 2 bıçak kullanarak, parçacıklar küçük bezelye boyutuna gelene kadar katı yağı un karışımına kesin.
c) Yavaş yavaş su ekleyin, karışım nemlenene kadar çatalla savurun.

d) Pastayı top haline getirin. Topu düzleştirin. Hafifçe unlanmış yüzeyde merkezden kenara doğru ters 9 inçlik turta tavasından 1½ inç daha büyük bir daireye yuvarlayın.
e) Hamuru ikiye katlayın; tavaya yerleştirin. aç; tavanın alt ve üst taraflarına bastırın. Gerekirse kenarları kesin.
f) 400F'de 5 dakika pişirin. fırından çıkarın; fırın sıcaklığını 375F'ye düşürün. Küçük bir kapta, yumurta akını çırpın. Kısmen pişmiş kabuğun tüm yüzeyi üzerine fırçalayın. Doldurmak için yumurta sarısı ayırın.
g) Orta kasede elma sosu, ahududu, şeker, ½ çay kaşığı tarçın ve yumurta sarısını birleştirin. Pasta astarlı tavaya dökün.
h) Orta kasede, tüm malzemeyi birleştirin; üzerine meyve karışımı serpin. 375F'de 40 ila 50 dakika veya tepesi altın kahverengi olana kadar pişirin.
i) Serin; tava kenarlarını çıkarın. Krem şanti ile servis yapın.

99. enginarlı turta

Verim: 8 porsiyon

İçindekiler
- 10 flütte 1 kör pişmiş turta kabuğu; D
- 1 tart tavası
- 2 yemek kaşığı zeytinyağı
- 1 ons pancetta; julienned
- ½ fincan kıyılmış soğan
- 2 yemek kaşığı kıyılmış arpacık
- 6 ons julienned enginar kalbi
- 1 yemek kaşığı kıyılmış sarımsak
- ¼ fincan ağır krema -; (1/2 bardağa kadar)
- 3 yemek kaşığı taze fesleğen
- 1 adet limonun suyu
- ½ su bardağı rendelenmiş Parmigiano-Reggiano peyniri
- ½ su bardağı rendelenmiş asiago peyniri
- 1 tuz; tatmak
- 1 taze çekilmiş karabiber; tatmak
- 1 su bardağı otlu domates sosu; ılık
- 1 yemek kaşığı şifonat fesleğen
- 2 yemek kaşığı rendelenmiş parmesan peyniri

Talimatlar

a) Fırını 350 dereceye ısıtın. Bir sote tavasında zeytinyağını kızdırın.

b) Pancetta'yı 1 dakika soteleyin. Soğan ve arpacık ekleyin, 2 ila 3 dakika soteleyin. Kalpleri ve sarımsağı ekleyin ve 2 dakika sotelemeye devam edin. Kremayı ekleyin. Tuz ve karabiber serpin. Fesleğen ve limon suyunu karıştırın. Ateşten alın ve soğutun. Tart kalıbının tabanına enginarlı karışımı yayın. Peynirleri karışımın üzerine serpin. 15 ila 20 dakika veya peynirler eriyene ve altın rengi kahverengi olana kadar pişirin. Tabağın ortasına bir miktar sos dökün. Sosun ortasına tarttan bir dilim koyun.

c) Rendelenmiş peynir ve fesleğen ile süsleyin.

100. yaban mersinli ayran tart

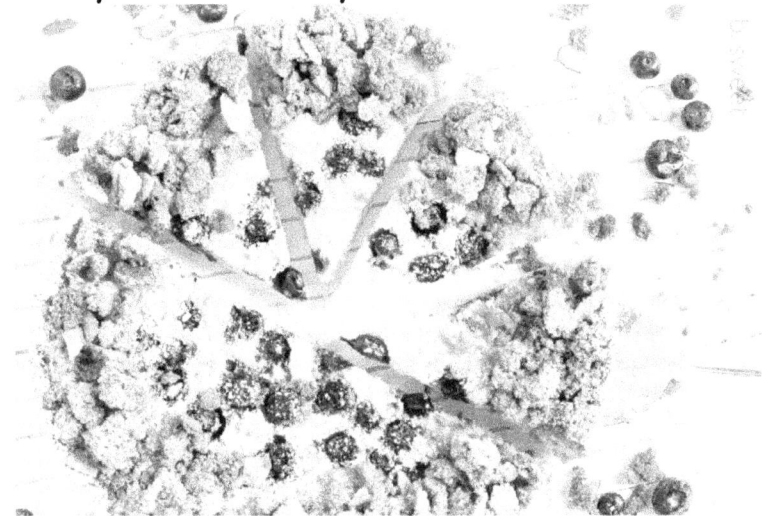

verim: 1 Porsiyon

İçindekiler
Kabuk
- 1½ bardak Çok amaçlı un
- ¼ su bardağı Şeker
- ¼ çay kaşığı Tuz
- ¼ pound Soğuk tereyağı; kesilen parçalar
- 1 büyük yumurta; ile yenmek
- 2 yemek kaşığı Buzlu su
- Çiğ pirinç; kabuk tartmak için

ayran dolumu
- 1 su bardağı Ayran
- 3 büyük Yumurta sarısı
- ½ bardak) şeker
- 1 yemek kaşığı Limon kabuğu rendesi; ızgara
- 1 yemek kaşığı taze limon suyu
- ½ Çubuk tuzsuz tereyağı; eritmek, soğutmak
- 1 çay kaşığı vanilya
- ½ çay kaşığı Tuz
- 2 yemek kaşığı Çok amaçlı un
- 2 su bardağı Yaban mersini; devralmak
- şekerleme şekeri

Talimatlar

KABUK

a) Bir kapta un, şeker ve tuzu karıştırın. Tereyağını ekleyin ve karışım iri bir öğüne benzeyene kadar karıştırın. Sarısı karışımını ekleyin, sıvı eklenene kadar savurun ve hamuru bir disk haline getirin. Hamuru unla tozlayın ve soğutun, plastik sargıya sarılı, 1 saat. Hamuru unlu bir yüzeyde $\frac{1}{8}$" kalınlığında açın ve çıkarılabilir yivli kenarlı 10" tart tavasına yerleştirin.

b) Kabuğu en az 30 dakika veya üstü kapalı olarak gece boyunca soğutun. Fırını 350~'ye ısıtın. Kabuğu folyo ile kaplayın ve pirinçle doldurun. Kabuğu fırının ortasında 25 dakika pişirin. Folyoyu ve pirinci dikkatlice çıkarın ve kabuğu 5 dakika daha veya soluk altın rengi olana kadar pişirin. Kabuğu bir rafta tavada soğutun.

DOLGU

c) Bir karıştırıcıda veya işlemcide, dolgu malzemelerini pürüzsüz olana kadar karıştırın. Böğürtlenleri kabuğun dibine eşit şekilde yayın. Ayran dolgusunu yaban mersini üzerine dökün ve fırının ortasında 30 ila 35 dakika veya sadece sertleşene kadar pişirin.

d) Tava kenarını çıkarın ve turtayı tavada tamamen soğutun. Şekerlemelerin şekerini tart üzerine eleyin ve oda sıcaklığında veya yaban mersinli dondurma ile soğutulmuş olarak servis yapın.